Ulrike Steinkrüger

Rundwanderwege zur Archäologie im Münsterland

Ardey-Verlag
Münster 2021

Gefördert durch

(Ardey-Verlag GmbH, An den Speichern 6, D-48157 Münster)

ISBN 978-3-87023-459-1

Umschlagabbildungen
Ulrike Steinkrüger

Satz und Gestaltung
Umschlaggestaltung
Heike Amthor, Fernwald

Druck
Grafisches Centrum Cuno, Calbe (Saale)

www.ardey-verlag.de

Bibliografische Information der Deutschen Nationalbibliothek
Die Deutsche Nationalbibliothek verzeichnet diese Publikation in der Deutschen Nationalbibliografie; detaillierte bibliografische Daten sind im Internet über https://portal.dnb.de/ abrufbar.

Inhalt

Geleitwort Archäologie

Das Münsterland ist für seine historischen Ortskerne, seine prächtigen Schlösser und die charakteristische Parklandschaft weithin bekannt. Es hat aber noch viel mehr zu bieten: Inmitten der Region verbergen sich zahlreiche archäologische Schätze wie Burgen, Grabhügel und Landwehren, die von einer vielgestaltigen Vergangenheit zeugen.

Beim Wandern lassen sich diese Kostbarkeiten besonders gut entdecken. Etliche Vertiefungen, Wälle, Mauerreste und vieles mehr, das oft nicht auf den ersten Blick erkennbar ist, strukturieren die Landschaft. Sie erzählen uns z. B. von vergangenen Lebensweisen, Bestattungssitten und territorialen Ansprüchen. Der Wanderführer erschließt zahlreiche dieser Hinterlassenschaften auch für Interessierte ohne archäologische Fachkenntnisse. Er hilft dabei, den Blick zu schärfen und kulturgeschichtliche Relikte besser sehen und interpretieren zu lernen.

Vielen Bodendenkmälern droht Gefahr durch Bodeneingriffe bei Bauarbeiten, Rodungen und Abgrabungen. Auch Freizeitsportler*innen, die sicherlich nicht böswillig, sondern oft aus Unwissenheit die steilen Geländeabfälle von Hügeln, Wällen und Gräben als willkommene Rennstrecken nutzen, gefährden diese. Ohne die schützende Vegetation sind sie der Erosion ausgesetzt.

Eine vertiefte Kenntnis der Originalschauplätze unserer Vergangenheit trägt zu ihrer Erhaltung auch für nachfolgende Generationen bei. Die archäologischen Highlights des Münsterlandes in Form von gut ausgewählten Rundwandertouren zu präsentieren, eignet sich dafür hervorragend. Möge der Wanderführer für die archäologischen Relikte unserer Kulturgeschichte sensibilisieren und damit die Denkmäler schützen. Daher haben wir dieses Buchprojekt gerne unterstützt und hoffen auf eine Fortsetzung für andere Regionen Westfalens.

Dr. Aurelia Dickers
Vorsitzende der Altertumskommission für Westfalen

Dr. Christoph Grünewald
LWL-Archäologie für Westfalen
Außenstelle Münster

Geleitwort Wandern

Wandern ist schon seit einigen Jahren deutschlandweit ein stabiler Trend. Nach einer aktuellen Befragung des Deutschen Wanderverbandes verstärkte die Corona-Pandemie diese Entwicklung noch. Das gilt auch für die Wandergebiete in Westfalen. Das Wandern nimmt positiven Einfluss auf Körper und Seele. Zugleich bietet es Natur- und Kulturgenuss.

So sind auch immer mehr Menschen auf der Suche nach Informationen zum Wandern in der Region. Viele Wanderaktive wissen bereits, dass sich die Parklandschaft, die alten Alleen, leichten Anhöhen, Naturschutzgebiete und die Routen zu Schlössern, Burgen, Mühlen und Klöstern des als Wanderregion oft unterschätzten Münsterlandes hervorragend für kleine und größere Wandertouren für Jung und Alt, für Einsteiger und erfahrene Wanderaktive eignen. Im Münsterland Wandern heißt, ein Angebot von 3.000 Kilometern zu Füßen zu haben. So lang ist das Wanderwegenetz, das der Westfälische Heimatbund e. V. (WHB), Dachverband der westfälischen Heimatbewegung, mithilfe von rund 40 Wegezeichnerinnen und -zeichnern betreut.

Mit finanzieller Unterstützung durch den LWL wird das Spektrum an Haupt- und Rundwanderwegen sowie Kurzstrecken im Münsterland über Projekte, Karten, Publikationen und die kostenlose Wander-App vermittelt. Dabei werden zunehmend auch junge Zielgruppen und familienfreundliche sowie barrierefreie Angebote in den Blick genommen, darunter etwa der Schulwanderweg in Nottuln-Darup, der junge Menschen die Landschaft vor ihrer Haustür spielerisch entdecken lässt.

Darüber hinaus verknüpfen Themenwege körperliche Betätigung mit vielfältigem Wissen – und dies über die Region hinaus. So führt der X 1648 entlang der Route, auf der auch die Boten während der Verhandlungen zum Westfälischen Frieden 1648 pendelten. Die Bandbreite der Themenwanderungen des WHB ist abwechslungsreich und richtet das Augenmerk auf naturkundliche, geologische und kulturhistorische Besonderheiten abseits ausgetretener Pfade.

Das Besondere der durch den WHB geförderten vorliegenden Publikation ist, archäologische Funde und Denkmale als konkrete Ausgangspunkte für Rundwanderungen und nicht nur als zusätzliche Ausflugsziele am Weg zu begreifen. Mit fachkundigen Erläuterungen zu den archäologischen Stätten, Fotografien, Karten mit Wegbeschreibungen und Hinweisen auf weitere Sehenswürdigkeiten sowie Einkehrmöglichkeiten lädt der Band zu Halbtags- oder Tagestouren ein. Dabei geht es z. B. zu jungsteinzeitlichen Gräbern, einer Burganlage aus der Bronzezeit oder mittelalterlichen Landwehren und Hohlwegen.

Unser besonderer Dank gilt Autorin Ulrike Steinkrüger, die fünf Jahre lang engagiert den Fachbereich Wandern im Münsterland innerhalb der Geschäftsstelle des WHB geleitet hat und kulturhistorisch Interessierte nun auf eine Reise zu den archäologischen Besonderheiten der Region mitnimmt. Darüber hinaus danken wir den ehrenamtlichen Wegezeichnerinnen und Wegezeichnern, welche die Wanderwege im Münsterland in Schuss halten.

Wir wünschen Ihnen viele interessante Wandererlebnisse!

Matthias Löb
WHB-Vorsitzender

Dr. Silke Eilers
WHB-Geschäftsführerin

Einleitung

Beim Wandern nehmen Menschen ihre Umgebung ganz anders wahr als beim Fahrrad- oder Autofahren. Die langsame und dem Körper wohltuende Fortbewegung sowie das Wegfallen der ansonsten auf den Verkehr ausgerichteten Konzentration lässt vieles erkennen, was sonst schon vorbei ist, bevor es auffallen konnte. Und egal ob Wandernde es darauf anlegen oder nicht, überall begegnen sie kulturgeschichtlichen Spuren von der imposanten Wallburg bis hin zu unauffälligeren Grabhügeln und Hohlwegen.

Die zwölf leichten bis mittelschweren Rundwandertouren präsentieren archäologische Highlights des Münsterlandes. Viele interessante Ausgrabungsstellen, die spannende Ergebnisse erbrachten, an denen heute aber nichts mehr zu erkennen ist, wurden zugunsten der noch sichtbaren oder wieder sichtbar gemachten archäologischen Denkmäler ausgespart. Ein archäologischer Fund aus der näheren Umgebung jeder Wandertour lässt auch Artefakte aus der Ur- und Frühgeschichte zu Wort kommen.

Die Zeitreise, in die Sie dieser Wanderführer mitnimmt, beginnt mit der Jungsteinzeit (Neolithikum), in der die Menschen sesshaft wurden und erste die Zeiten überdauernde Monumente hinterließen. Das jüngste Denkmal stammt aus dem Zweiten Weltkrieg und zeigt, dass auch aktuellere Epochen im Fokus der Archäologie liegen.

Natürlich kommt auch die Natur nicht zu kurz. Mit dem Teutoburger Wald, der Emsaue, den Beckumer Bergen, der Hohen Mark, dem Emsdettener Venn und den Baumbergen werden die unterschiedlichsten Landschaften erwandert. Das Münsterland zeigt sich von seiner besten und interessantesten Seite.

Beim Wandern erschließt sich die Topografie des Geländes, in dem die Menschen bereits in früheren Zeiten gesiedelt haben, besonders gut, weil auch leichte Steigungen und Gefälle gut wahrgenommen werden können. Allerdings ist aus der Perspektive der Wandernden nicht grundsätzlich alles besser zu sehen. Starker Bewuchs kann archäologische Denkmäler nahezu unkenntlich machen. Hier hilft oft ein Blick aus der Luft oder auf digital erstellte Geländemodelle (DGM), wie sie im Wanderführer immer wieder abgebildet sind. Zudem muss beachtet werden, dass sich die Landschaft im Laufe der Zeit zum Teil stark verändert hat. Wo heute ein Waldgebiet Wandernden angenehmen Schatten spendet, war in früheren Zeiten möglicherweise ein Heidegebiet – oder andersherum.

Alle ausgearbeiteten Routen folgen nach Möglichkeit ausgewiesenen Wanderwegen des Westfälischen Heimatbundes (WHB), des Sauerländischen Gebirgsvereins (SGV) oder örtlicher Initiativen. Auf der Internetseite der Altertumskommission für Westfalen (https://www.altertumskommission.lwl.org/de/archaologisches-wandern/im-munsterland/) werden die GPX-Tracks der einzelnen Touren kostenlos zur Verfügung gestellt (s. QR-Code auf S. 156). Hiermit ist auch ein Ausdrucken von Karten in anderem Maßstab möglich. Eine hilfreiche Ergänzung ist zudem die Wander-App des WHB »Wanderwege im Münsterland«, die für Android und iOS kostenlos heruntergeladen werden kann.

Alle Wandertouren sind vor allem auf die Anreise mit öffentlichen Verkehrsmitteln ausgerichtet. Daher beginnen sie in der Regel in den Ortschaften, was kürzere Abschnitte durch Wohngebiete und entlang befahrener Straßen bedingt. Aktuelle Bahn- und Busfahrpläne können am besten über die Internetseite www.bubim.de abgerufen werden.

Bei allen Wanderungen sind eine oder mehrere Einkehrmöglichkeiten vorhanden, sodass Wandernde sich während oder nach der Tour ausruhen und stärken können. Die Angaben zur vorhandenen Gastronomie entsprechen dem Stand zum Zeitpunkt der Drucklegung des Buches. Sie sollten vor jeder Tour noch einmal überprüft werden.

Verwirklicht wurde dieser Wanderführer dank der großzügigen Förderung der Altertumskommission für Westfalen und des Westfälischen Heimatbundes sowie durch die fachliche Unterstützung vieler Kolleg*innen aus der Archäologie und benachbarten Fachbereichen.

Viel Spaß beim Wandern oder wie die Westfalen sagen:

Gutt goahn!

(= »Mach's gut« oder »Lass' es dir gut gehen«)

Ulrike Steinkrüger

Wanderung 1

Auf den Spuren der Ritter von Sconowe

Die Wallburg Haskenau in Münster

Diese Rundwanderung führt Wandernde durch die nordöstlichen Gebiete der Stadt Münster. Wasser ist das prägende Element der Strecke entlang des Dortmund-Ems-Kanals, der Ems und der Werse sowie durch die Rieselfelder. Im Winkel von Ems und Werse entdecken Wandernde die früh- und hochmittelalterliche Wallburg Haskenau, deren mächtiger Turmhügel und gut erhaltene Wallanlagen noch heute beeindrucken.

Informationen

Start/Ziel: Haus Dyckburg/ Bushaltestelle Heidehof

Weglänge: 21 km

Reine Gehzeit: 5:10 h

Steigung: ↗/↘ 23 m

Schwierigkeit: lange, aber leichte Wanderung ohne nennenswerte Steigungen; nicht kinderwagengeeignet

Einkehrmöglichkeiten: Lötlämpken (www.loetlaempken.de), Road Stop (www.roadstop.de/standorte/muenster), Heidekrug (www.heidekrugmuenster.de), Landgasthaus Eggert (www.landhaus-eggert.de), Wersetürmken (www.hotel-wersetuermken.de), Dat Handorfer Huus (www.dat-handorfer-huus.de), Schöne Aussichten (www.schoene-aussichten-muenster.de), Hof zur Linde (www.hof-zur-linde.de)

ÖPNV: Bushaltestelle »Heidehof« (Linie 4 von Münster/Westf. Hbf)

Parkplätze: Haus Dyckburg (»Dyckburgstraße« 228 und 111)

Markierte Wanderwege: [HL] (Hollandgängerweg), [X 1648] (Westfälischer-Friede-Weg), Pilgerweg, [X 4]

Wegbeschreibung

Von der Bushaltestelle Heidehof wenden Wandernde sich auf der **Mariendorfer Straße** Richtung Bahnübergang. Vom Parkplatz Haus Dyckburg geht es geradeaus über die **Dyckburgstraße** hinweg in den Wald, an der T-Kreuzung, an der der **[X 1648]** und der links abbiegen, nach rechts auf die **Mariendorfer Straße** zu. Dieser folgen sie nach links Richtung Bahnübergang.

Am Ende der Straße geht es links auf den **Schifffahrter Damm**, in dessen Zuge der Dortmund-Ems-Kanal überquert wird. Auf der westlichen Seite folgt der Weg dem Kanalufer nach Norden an der nächsten Brücke (**Kleimannbrücke**) vorbei. An einer Gabelung bleiben Wandernde auf dem **[HL]** bzw. Uferweg. An der nächsten Möglichkeit geht es auf einen Kiesweg nach links (an der Stelle befindet sich zum Kanal hin ein Geländer). Dieser trifft auf einen Asphaltweg, dem Wandernde ein paar Meter nach links folgen, um dann rechts auf einen Pfad am Feldrand entlang einzubiegen und links neben der **Landwehr** ① bis zu einer Brücke über den Bach zu gehen.

Über die Brücke und eine Betonstufe hinweg stoßen Wandernde auf einen Weg, der sie nach rechts in die **Rieselfelder** ② führt. An der T-Kreuzung mit einem Aussichtshaus geht es nach rechts, dann links um die Kurve, an der nächsten Gabelung wieder links. An der Straße (**Coermühle**) wenden Wandernde sich nach rechts und biegen dort wieder rechts ab, wo am rechten Rand ein abgetrennter Fußweg beginnt. Am Aussichtsturm vorbei geht es nach einer Kurve schließlich wieder nach links und vor Erreichen des **Hessenwegs**, rechts am Feldrand entlang bis links ein Durchlass kommt. Hier wird der **Hessenweg** überquert und ein kleiner Seitenweg führt wieder zum Kanal. Diesem folgt die Tour nach links bis zur nächsten Brücke, an der der Kanal überquert wird (**Gittruper Straße**).

Nun übernimmt das weiße X des **[X 1648]** die Führung, dem sich bald darauf der hinzugesellt. Nach der Überquerung der Ems treffen **[X 1648]** und auf die **Wallburg Haskenau** ③ und führen dann durch die Werseaue am Landgasthaus Eggert vorbei bis zum **Haus Dyckburg** ④.

Landwehr und NSG Gelmerheide ①

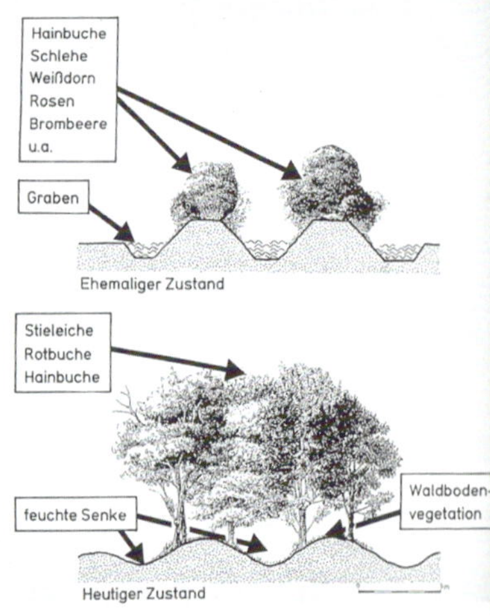

Neben dem Weg fallen zwischen den Bäumen zwei deutliche Wälle auf. Diese gehören zu der im 14. Jahrhundert entstandenen Landwehr der Stadt Münster. Das Erdmaterial der ursprünglich etwa 1,5 m hohen Wälle stammt aus den vor, hinter und zwischen den Wällen ca. 1,5 m tief und bis zu 3,5 m breit ausgehobenen Gräben. Zusammen mit der auf den Wällen gepflanzten, mannshohen Hecke aus dornigem Gebüsch stellten sie ein effektives Annäherungshindernis dar. Die Münsteraner Stadtlandwehr bildete ursprünglich einen schützenden Ring um die sogenannte Stadtfeldmark, also das außerhalb der Stadtmauern liegende, aber noch zur Stadt gehörige ländliche Gebiet. Nur an wenigen Stellen wurde der Verkehr kontrolliert hindurchgelassen. Heute sind nur noch Teilstücke erhalten. Landwehren waren dem immer großflächiger werdenden Ackerbau im Weg. Nachdem sie ihren ursprünglichen Zweck als defensive Wehranlagen verloren hatten, galten sie aber noch lange Zeit als wertvolles Holzreservoire, das vor allem für den Straßenbau bedeutend war. Auch als sichtbare Grenzen hatten die Anlagen noch lange eine Funktion, weshalb sie oft entlang von Kreis- oder Stadtgrenzen erhalten blieben. An dieser Stelle begrenzt die Landwehr ganz aktuell das Naturschutzgebiet Gelmerheide, das sich rechts der Wälle befindet. Dieses umfasst einen feuchten Kiefernmischwald mit Eichen und Birken. Eine Besonderheit sind die noch vorhandenen Reste einer mit Torfmoosen durchsetzten Feuchtheide.

Rieselfelder ②

Mit den Rieselfeldern ist in Münster der Schritt von der stinkenden Kläranlage hin zu einem international bekannten Vogelschutzgebiet gelungen. Anfang des 20. Jahrhunderts wurden hier große Verrieselungsflächen für das städtische Abwasser angelegt. Nachdem die Felder durch den Bau einer Großkläranlage nicht mehr gebraucht wurden, sollte ein Industriegebiet entstehen, was eine Bürgerinitiative verhinderte. Die Wasserflächen und Feuchtwiesen boten schon lange zahlreichen Wasser- und Watvögeln eine ideale Rast- und Brutstätte. Seit 1968 existiert die Biologische Station Rieselfelder. Das 4,3 km^2 große, unter Naturschutz stehende Gebiet ist heute ein beliebtes Ausflugsziel.

Wallburg Haskenau ③

Wandernde gelangen von Nordosten zur Wallburg Haskenau. Diese befindet sich gut geschützt im Mündungswinkel von Werse und einem Altarm der Ems. Es handelt sich um eine Hochterrasse, deren Gelände nach Westen zur Werse hin steil abfällt. Gemeinsam mit der Ems im Norden bildete dies einen natürlichen Schutz. Das nach Süden und Osten hin offene Gelände wurde künstlich befestigt.

Die Haskenau besteht aus einer Haupt- und einer Vorburg, die wohl im frühen 12. Jahrhundert errichtet wurden, sowie einem ebenfalls befestigten Außenareal.

Wandernde stoßen bald auf einen 5–6 m hoch erhaltenen, aufgeschütteten Hügel mit 38 m Durchmesser, der die Hauptburg bildete. Auf ihm befand sich ursprünglich ein Wohnturm (s. Wanderung 4 und 8). Steine, die bei Ausgrabungen im Jahr 1936 sowie bei späteren Begehungen gefunden wurden, und der Vergleich mit ähnlichen Burgen zeigen, dass das turmartige Gebäude wahrscheinlich aus Stein bestand. Zumindest aber wies es ein steinernes Fundament auf. Der umgebende 20 m breite Graben, dessen Aushub für die Hügelschüttung verwendet wurde, war im Mittelalter vermutlich mit Wasser gefüllt.

Ein im Osten und Süden in etwa 30 m Abstand zum Graben fast rechtwinklig gezogener Wall mit vorgelagertem Graben begrenzte die etwa 0,9 ha große Vorburg. Hier standen üblicherweise die zum Wohnhaus gehörigen Wirtschaftsbauten, die einen ökonomisch weitgehend unabhängigen »Betrieb« gewährleisteten.

Eine solche auch »Motte« genannte Turmhügelburg ist typisch für das 11. bis 13. Jahrhundert im mitteleuropäischen Flachland. Die zur Haskenau vorhandenen Schriftquellen ergänzen die von Archäolog*innen im Boden gewonnenen Erkenntnisse. Zwar taucht die »Hasekenauw« erst 1611 in einem Güterverzeichnis auf, sie ist aber sehr wahrscheinlich mit dem bereits 1226 in einer Urkunde genannten Rittersitz »Sconowe« gleichzusetzen. Besitzer war demnach zunächst Ritter Hermann I. von Münster, der hauptberuflich für das Domkapitel einen

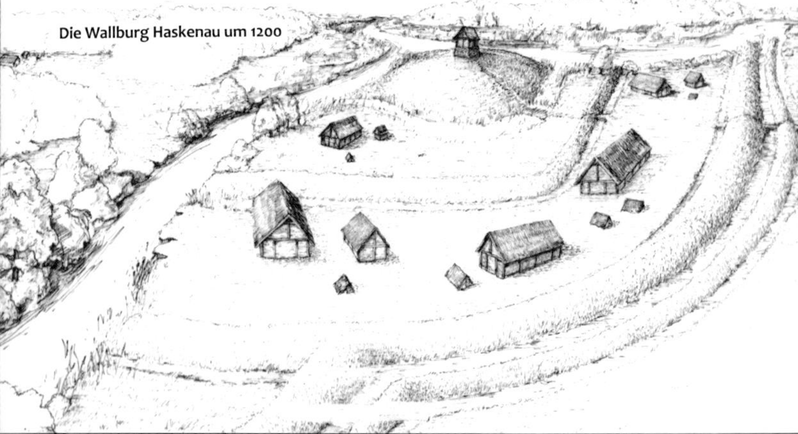
Die Wallburg Haskenau um 1200

bedeutenden Wirtschaftshof verwaltete. 1324 kaufte das Domkapitel Sconowe, ließ die Motte aber nach und nach verfallen. In der Folgezeit wurde sie höchstens kurzfristig aufgesucht, wie einzelne bis in das 16. Jahrhundert datierende Funde andeuten.

Etwa 60 m hinter dem Wall der Vorburg werden zwei weitere, von einem Graben getrennte Wälle durchquert. Sie bildeten einen äußeren Ring um die Turmhügelburg. Die Ausgrabungen zeigten jedoch, dass der Doppelwall eine ältere Phase aus einem Spitzgraben mit einer den Innenraum schützenden Holzpalisade aufwies. Dem Fundmaterial entsprechend umzog die Palisade wohl eine hier befindliche, etwa 2,6 ha große Siedlung aus dem frühen Mittelalter (Karolingerzeit). Auch zu dieser Zeit hatten Menschen die gut geschützte Lage also zu schätzen gewusst.

Ein im Süden des Außenwalls an die Werse angelehnter Annexwall gibt der Forschung noch Rätsel auf. Ein in älteren Karten von Westen auf diese Stelle zuführender Hohlweg deutet auf eine Wersefurt und damit auf einen Zugang zur Burg hin, der mit diesem Wall geschützt werden sollte.

Wall des inneren Befestigungsrings

Haus Dyckburg ④

Im Boniburger Wald liegt die im 16. Jahrhundert erwähnte ehemalige Wasserburg Dyckburg. Sie wurde 1722 vom damaligen münsterschen Dompropst erworben, der sich hier vom Barockbaumeister Johann Conrad Schlaun (1695–1773) einen repräsentativen Landsitz errichten lassen wollte. Verwirklicht wurden jedoch nur die Kapelle, deren Hauptteil der Wallfahrtskapelle im italienischen Loreto nachempfunden ist, und zwei Wirtschaftsbauten.

Exkurs: Zum Einmotten

Das Wort »einmotten«, das vor allem Motorradfahrer*innen geläufig ist, die jeden Winter ihr Bike einmotten, wird heute allgemein oft verwendet, wenn etwas langfristig eingelagert oder vor Motten sicher verpackt werden soll.

Es gibt aber noch eine weitere Erklärung für diesen Begriff, der nicht unbedingt etwas mit dem kleinen, unscheinbaren Falter zu tun haben muss. Er könnte auch mit dem Burgenbau des Mittelalters in Zusammenhang stehen. Die Bezeichnung »Motte« für den Typ der Turmhügelburg, zu dem auch die Haskenau gehört, wurde zunächst von französischen Forscher*innen geprägt. Motte gab im 19. Jahrhundert erst nur dem Hügel und schließlich dem ganzen Befestigungstyp seinen Namen. Deutsche Burgenforscher*innen übernahmen den Begriff. Wörtlich aus dem Französischen übersetzt bedeutet er »Erdscholle«. Aus solchen wurde die zentrale Erhebung der gleichnamigen Burgenform aufgeworfen. Der Erdhügel und das darauf befindliche turmartige Wohngebäude dienten dem Schutz seiner Bewohner*innen, möglicherweise hat sich daraus – wohlgemerkt seit dem 19. Jahrhundert – das Wort »einmotten« als »einen Gegenstand verpacken«, um ihn (vor lästigen Motten) zu schützen, entwickelt.

Bau eines Turmhügels auf dem Teppich von Bayeux (11. Jh.)

Literatur- und Kartentipps

- Vera Brieske, Die Haskenau bei Handorf-Dorbaum, kreisfreie Stadt Münster. Frühe Burgen in Westfalen 18, hg. von der Altertumskommission für Westfalen. Münster 2001.
- Hans-Günther Fascies/Gunnar Teske, Hauptwanderweg X 1648 – Westfälischer-Friede-Weg. Wandern Münsterland, hg. vom Westfälischen Heimatbund. Münster [2]2018.
- Alexandra Pesch, Haskenau, Münster-Handorf. In: Heinz-Günter Horn (Hrsg.), Theiss Archäologieführer Westfalen-Lippe. Stuttgart 2008, 140–141.
- Ulrike Spichal/Horst Gerbaulet, Wege der Jakobspilger in Westfalen. In 12 Etappen von Osnabrück über Münster und Dortmund nach Wuppertal-Beyenburg. Jakobswege 6. Köln [3]2011.
- http://wp.biostation-muenster.org/gebiet/naturerlebnisgebiet

Diese 18,5 cm große, prächtige Doppelradnadel aus Münster-Handorf ist typisch für die mittlere Bronzezeit (14. Jh. v. Chr.). Üblicherweise diente sie Frauen als Gewandschließe.

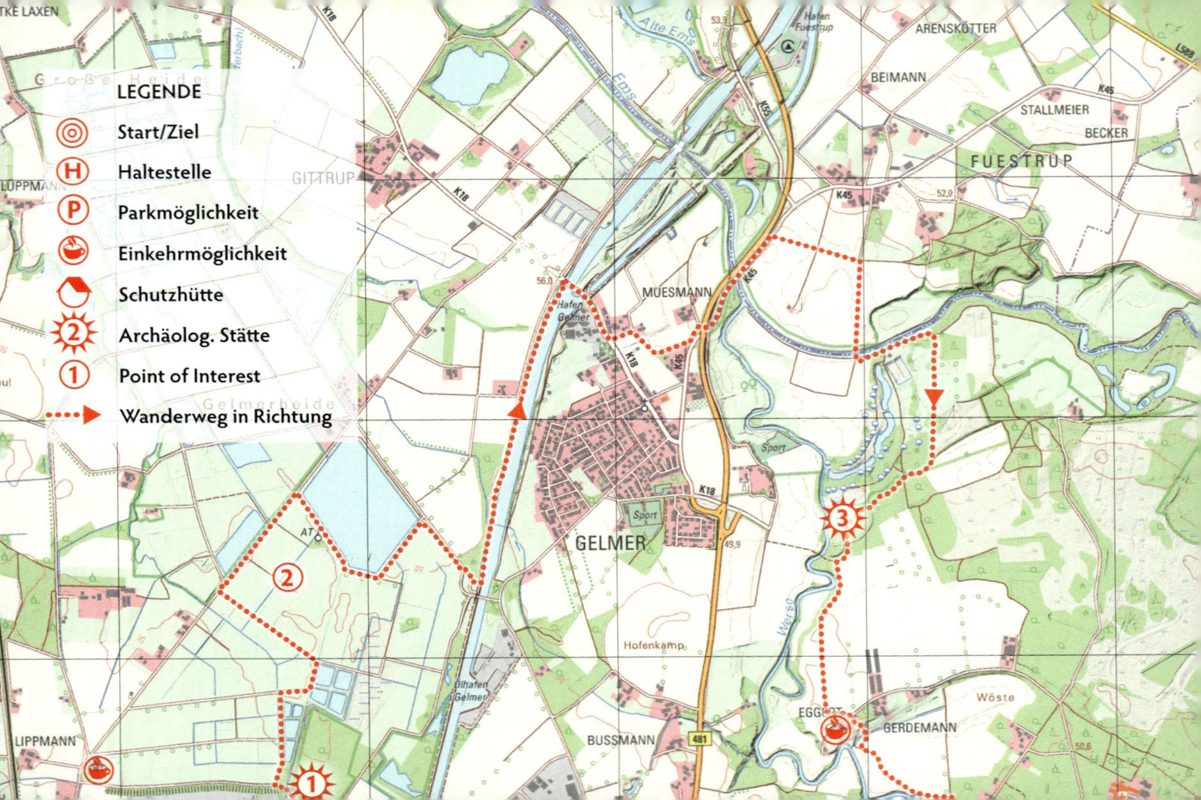
LEGENDE
Start/Ziel
Haltestelle
Parkmöglichkeit
Einkehrmöglichkeit
Schutzhütte
Archäolog. Stätte
Point of Interest
Wanderweg in Richtung
GELMER
FUESTRUP
GITTRUP
MUESMANN
BEIMANN
ARENSKÖTTER
STALLMEIER
BECKER
BUSSMANN
GERDEMANN
LIPPMANN
Hofenkamp
Wöste
Ems
Alte Ems
Werse
Hafen Gelmer
Hafen Fuestrup
Ölhafen Gelmer
Gelmerheide
Große Heide
Sport
K18
K45
K55
L588
481

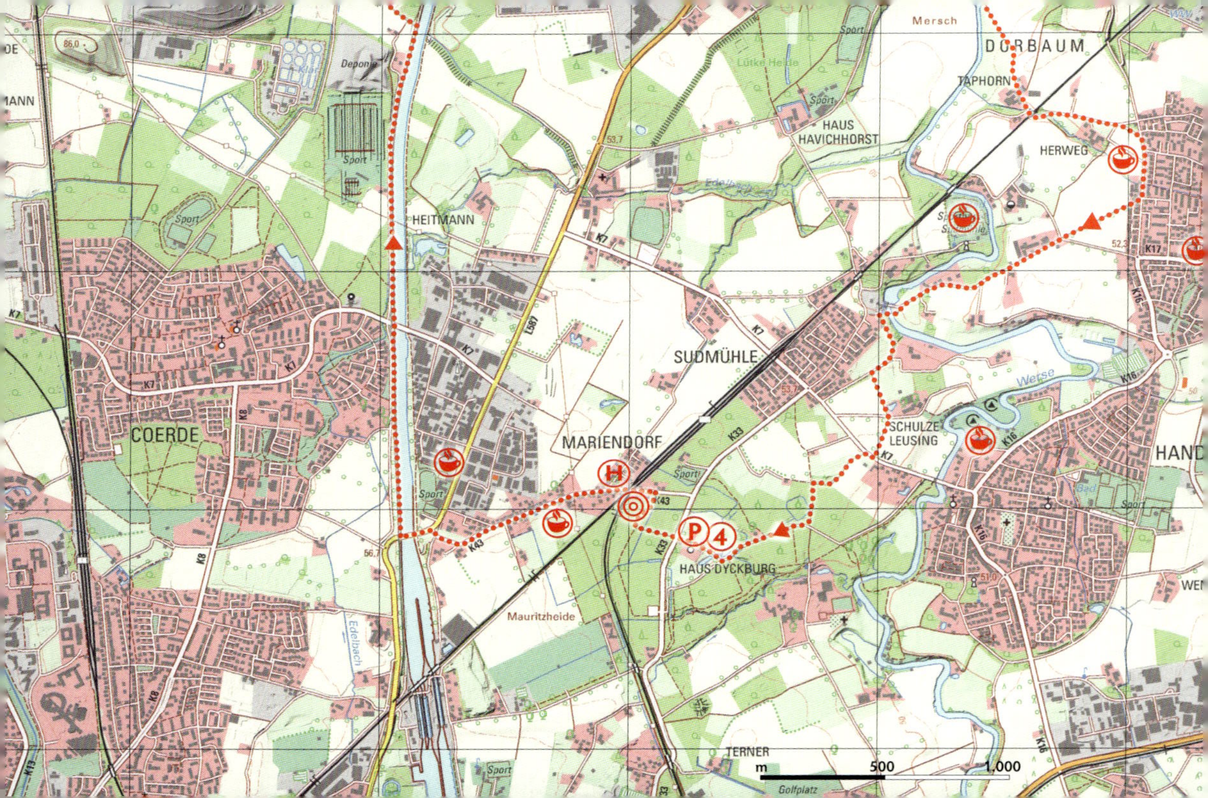

Mersch
DÜRBAUM
TAPHORN
HAUS HAVICHHORST
HERWEG
Lütke Heide
Deponie
HEITMANN
SUDMÜHLE
COERDE
MARIENDORF
SCHULZE LEUSING
HAND
Werse
HAUS DYCKBURG
Mauritzheide
Edelbach
TERNER
Golfplatz
m 500 1.000

Wanderung 2

Von Tempeln und Ruinen

Die Nienburg in Ostenfelde, Kr. Warendorf

Die adelige Familie von Ostenfelde hat in dem idyllisch gelegenen Ort im Mittelalter gleich vier Adelssitze errichten lassen. Drei dieser Anlagen werden von der Wandertour berührt. Dazu gehören die Keuschenburg, das heute noch bewohnte Schloss Vornholz mit seinen Ländereien und die Ruine der Nienburg, in deren Nähe ein Schatz vergraben sein soll, den der Teufel höchstpersönlich bewacht.

Informationen

Start/Ziel: Margarethenplatz, Ennigerloh-Ostenfelde

Weglänge: 9,4 km

Reine Gehzeit: 2:20 h

Steigung: ↗/↘ 31 m

Schwierigkeit: leichte Wanderung mit nur geringen Steigungen, nicht kinderwagengeeignet

Einkehrmöglichkeiten: Gasthof Averbeck (www.averbeck-ostenfelde.de), Hotel Kröger (www.kroeger-hotel.de)

ÖPNV: Bushaltestelle »Ostenfelde, Schule« (T46 von Ennigerloh oder 375 von den Bahnhöfen Warendorf bzw. Oelde aus)

Parkplätze: »Weierstraßweg«/Kreuzung »Steinpatt«

Markierte Wanderwege: [X 3], [X 22], [X 23]

Wegbeschreibung

Vor der Statue der hl. Margaretha stehend geht es links hinter der Figur durch die Gasse und an den Heimatstuben vorbei geradeaus in den **Steinpatt**. Hinter **Haus Vornholz** ① geht es nach links und dann geradeaus bis zum Mühlenteich. Hier nach rechts wenden, zwischen den beiden Flächen des Golfplatzes durch.

Im Wald führt die Wanderung vor Erreichen der nächsten Golfplatzfläche auf einem Waldweg nach rechts. Kurz vor einem Wall (nur von hinten gut sichtbar, **Markierung 3** am Baum) lohnt sich ein Abstecher nach links zum sogenannten **Tempelplatz** ②.

Die Wandertour führt aber geradeaus weiter bis zum Asphaltweg, dem nach links gefolgt wird. Die befahrene Straße **(Beelener Straße)** wird überquert und der geradeaus verlaufende (Privat-)Weg erreicht die Landstraße, der die Wandertour nach links folgt. Nach ca. 1 km biegen Wandernde in der Kurve nach rechts ab (Hausnr. 8, 10, 12). Der Weg macht nach einer Weile eine scharfe Rechtskurve und trifft an einem umzäunten Teich auf eine Gabelung. Hier geht es nach rechts weiter **(Nao Ossenfelde)**. An der nächsten Kreuzung links abbiegen und gleich wieder rechts in den Wald.

Die Tour kommt an Wällen und der Ruine der **Nienburg** ③ vorbei und erneut zu einer Kreuzung. Hier biegen Wandernde links ab (100 Schlösser-Route) und dann nach rechts auf den Asphaltweg (Beelen, Ostefelde). Nach 100 m geht es nach links an der Weide entlang, links um das Wäldchen herum und hinter dem Wald auf den Grasweg nach links. An der Buschreihe nach rechts wenden und dem Weg immer weiter folgen. An einer Gabelung links halten Richtung Straße. Die Straße wird überquert und der Grasweg trifft auf einen Parkplatz. Dort links halten und am Ende des Parkplatzes rechts die Straße überqueren und einem Pfad in den Wald folgen.

An der Abzweigung rechts und nach ca. 40 m treffen Wandernde schließlich auf den Wall der **Landwehr** ④, dem sie nach links folgen. An der Kreuzung geradeaus und an der Gabelung links halten, bis es an der nächsten Kreuzung rechts steil zu einer Bank und einem Asphaltweg hinuntergeht. Diesem nach rechts folgen und kurz darauf rechts am Bach entlang (**[X 3]**, **[X 22]**, **[X 23]**) und an der **Keuschenburg** ⑤ vorbei bis zur Hauptstraße **(Hessenknapp)**. Die X-Wege führen nach links und dann bis zum **Margarethenplatz** ⑥ zurück.

Haus Vornholz ①

Haus Vornholz war ursprünglich Sitz der Ritter von Ostenfelde, die seit dem 12. Jahrhundert belegt sind. 1330 verlegten sie ihren Wohnsitz aus dem heutigen Ortskern an diese Stelle und nutzten die Burg Varenholte bis zu ihrem Verkauf 1481. Nach mehrfachem Besitzwechsel und einem Brand kaufte Dietrich Hermann von Nagel die Anlage und ließ sie 1666–85 neu errichten. Auf der von einem doppelten Wassergraben geschützten westlichen Insel entstand das heute sichtbare barocke Herrenhaus. Auf der östlichen Nebeninsel befinden sich die zugehörigen Wirtschaftsbauten, die bis auf den Mittelbau mit den Doppeltoren (19. Jh.) alle noch aus dem 17. Jahrhundert stammen. Das Hauptgebäude wurde 1841 nochmals erneuert. Ein barocker »Wasserbär« reguliert bis heute den Wasserstand der Gräften. Die breite Brücke, die die beiden Inseln miteinander verbindet, erleichtert erst seit dem 20. Jahrhundert den Übergang. Die Anlage wird privat bewohnt.

»Tempelplatz« ②

Zum Haus Vornholz gehörten barocke Gärten und eine weitläufige Außenanlage. Letztere wurde Ende des 18. bis Anfang des 19. Jahrhunderts zu einer Art »Vergnügungspark« umgestaltet. Der südöstlich des Hauses befindliche Teich ist der letzte Rest eines ursprünglich sehr großen Gewässers, in dem sich vier künstlich angelegte Garteninseln befanden. Diese waren über Brücken miteinander verbunden. Auf der östlichen Insel existierte ein chinesisches Teehaus. Auf den Inseln und in ihrem Umfeld (heute z.T. Golfplatz und Wald »Promenadenbusch«) standen laut einer vom damaligen Baumeister angelegten Liste neben prächtigen Bepflanzungen viele weitere Attraktionen, darunter ein Amphitheater, ein Obelisk, eine Eremitage und eine Grotte. Leider sind diese einst prächtigen Anlagen nicht erhalten.

Im Wald treffen Wandernde aber auf eine Struktur, die als Relikt des Vornholzer »Vergnügungsparks« angesehen werden kann. Die von tiefen Wassergräben umgebene, ovale Insel wird über eine Unterbrechung des Grabens im Südwesten betreten. Im Nordwesten befindet sich eine Erhöhung. Vermutlich stand hier ein ebenfalls in der Liste genannter, von einem Bassin umgebener Dianentempel. Hierfür wurde mindestens eine »Säule mit Zubehör« gefertigt. Ein genauer Blick auf das digitale Geländemodell (DGM, s. Exkurs Wanderung 4) lohnt sich: Es lässt Spuren von vier Fundamentierungspfählen oder Säulen eines Bauwerks erahnen. Zudem verweisen die gestochen scharfen Kanten der Insel und der umgebenden Wassergräben aufgrund der geringen Erosion auf eine junge Entstehungszeit.

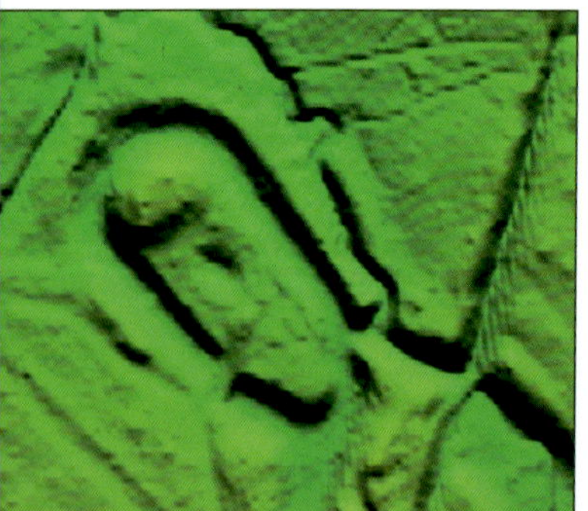

Auf dem Weg vom Tempelplatz bis zum Asphaltweg wird ein Wall überquert, der nur von hinten gut sichtbar ist. Hierbei handelt es sich um einen um 1800 als Spazierweg durch den gesamten Promenadenbusch angelegten Damm.

Nienburg ③

Die Nienburg wurde in einer sumpfigen Senke erbaut. Wandernde gelangen von Südosten auf das Gelände und passieren zunächst einen flachen Wall mit früher wasserführendem Graben. Sie durchqueren nun den größten von insgesamt vier nach Süden, Osten, Nordosten und Norden vorgelagerten Vorburgbereichen. Es wird eine weitere Gräfte erreicht, auf die ein höher erhaltener Wall folgt. Dieser wiederum umgibt einen etwa 10–20 m breiten Graben, der ehemals mit Wasser gefüllt war. Beide umschließen die etwa 22 m × 15 m große Hauptburginsel, in deren Mitte sich die Ruine eines 6,5 × 8,5 m großen Bergfrieds befindet. Die Mauern aus Bruchsteinen sind bis zu 4 m hoch erhalten.

Über die einst hier bestehenden Gebäude informiert mangels Ausgrabungen nur eine Nachricht über die Zerstörung der Burg im Jahr 1675. Demnach gab es neben dem Bergfried auch ein Herrenhaus und sechs Wirtschaftsgebäude so-

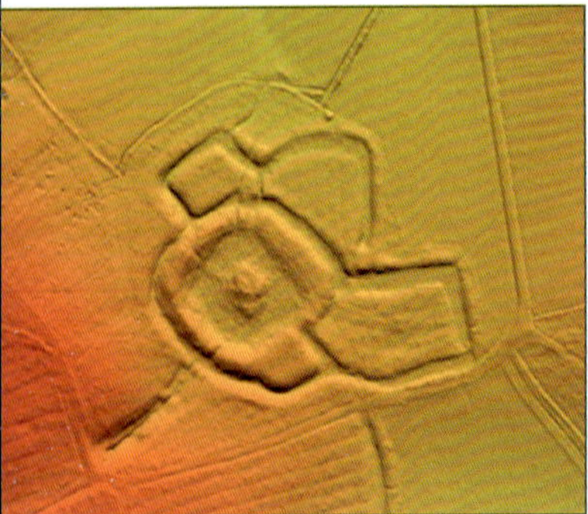

wie umgebende Blumen-, Küchen- und Obstgärten. Die Gräften wurden als Fischteiche genutzt.

Gegründet wurde die Anlage von einem Zweig der Familie von Ostenfelde, die bereits Haus Vornholz ① und die Keuschenburg ⑤ errichten ließ. 1343 taucht die Burg in den Schriftquellen zunächst unter einem ganz anderen Namen auf: »ter Horst«. Erst in einer Quelle von 1477 werden das Haus »ter Horst« und die »Nygeborg« unmissverständlich gleichgesetzt. Es bleibt unklar, ob die Bezeichnung Nygeborg/Nienburg (= neue Burg) sich durchsetzte, weil die Burg »ter Horst« vor 1477 hierher verlegt wurde oder ob sie immer an dieser Stelle existierte und nur in der Bausubstanz von Grund auf erneuert wurde.

Als Hermann von Ostenfelde in finanzielle Schwierigkeiten geriet, musste er Schloss Vornholz und die Nienburg 1481 verkaufen. 13 Jahre später kaufte seine Familie die Nienburg zurück. 1540 ging sie als Erbschaft an die Drosten zu Erwitte, die hier um 1580 ein neues Wohnhaus errichten ließen. Der letzte Droste zur Nienburg war in einen langwierigen Rechtsstreit um den Besitz der Keuschenburg verwickelt. Nach seiner Verhaftung wegen angeblicher finanzieller Schädigung seines Lehnsherrn, des Fürstbischofs von Münster, wurde die Anlage 1675 auf dessen Befehl komplett zerstört. 1685 kam sie – ebenso wie Schloss Vornholz – in den Besitz der Familie von Nagel-Vornholz, die sie allerdings nicht wieder aufbaute.

Landwehr ④

Hinter dem Parkplatz im Wald verläuft der Wanderweg auf einem mächtigen Wall, der auf der rechten Seite von einem zweiten begleitet wird. Beidseitig werden sie von Gräben flankiert. Es handelt sich um eine mittelalterliche Landwehr, die nach Norden über eine Strecke von ca. 170 m bis an die Geländekante zum Mühlenbach hinführt. Nach Süden kann sie anhand von obertägig sichtbaren Resten und alten Karten noch 1,6 km weit rekonstruiert werden.

Solche Wall-Graben-Anlagen sind ein typisches Phänomen des Mittelalters und treten im Münsterland ab dem 14. Jahrhundert auf. Sie umschlossen als Annäherungshindernisse große Flächen um Städte oder Kirchspiele (s. Wanderung 1 und 5).

In Ostenfelde verläuft die Landwehr allerdings mitten durch das Kirchspiel. Daher ist hier eher an eine Ortsbefestigung im Zusammenhang mit den verschiedenen hier ansässigen Zweigen der adeligen Familie von Ostenfelde zu denken. Es ist kein Zufall, dass der Landwehrbau des 14./15. Jahrhunderts in eine Zeit der vermehrten, gewaltsamen Auseinandersetzungen zwischen Adeligen und Bischöfen fällt. Das Ausweiten, Sichern und Durchsetzen von Machtansprüchen stand dabei stets im Vordergrund. Ostenfelde befand sich zudem in einem besonderen Spannungsfeld, denn nur wenige Kilometer östlich endete das Herrschaftsgebiet des Fürstbistums Münster.

Landwehrabschnitt

Der Mühlenbach an der Keuschenburg

Keuschenburg ⑤

Dass die Keuschenburg (Haus Keuschenberg) auf eine mittelalterliche Burganlage zurückgeht, ist der direkt am Mühlenbach gelegenen Hofanlage mit Wohnhaus kaum noch anzusehen. Nur Teile der ehemaligen Wirtschaftsgebäude sind bis heute vorhanden. Im Osten, zum Ort hin, sind Reste des Wassergrabens zu erahnen, der die Anlage einst umgab. Zwischen diesem und dem heute privat bewohnten Haus befand sich einst ein quadratisches Burggebäude (19,5 × 19,5 m), das möglicherweise aus dem 14. Jahrhundert stammte. Es ist 1868 abgerissen worden. Den östlich anschließenden Bergfried ereilte dieses Schicksal wohl bereits im Laufe des 17. oder 18. Jahrhunderts. Erbauer der Keuschenburg war ein 1333 urkundlich genannter »Adolfus dictus Kursne de Ostenfelde«.

Margarethenplatz ⑥

Auf dem Margarethenplatz befand sich die erste Kirche von Ostenfelde, die der hl. Margaretha geweiht war. Sie war 1861 aus Platzmangel abgebrochen und durch einen Neubau an der heutigen Stelle ersetzt worden. Der Grundriss des aus dem 11./12. Jahrhundert (Ersterwähnung 1177) stammenden romanischen Kirchenbaus, der bereits erste gotische Elemente aufwies, ist heute durch Pflastersteine kenntlich gemacht worden. Der Platz um die Kirche herum diente als Friedhof. 1855 wurde auch dieser zur heutigen Margarethen-Kirche verlegt.

Exkurs: Der verborgene Schatz am Teufelspütt

Hinter der Nienburg kommen Wandernde an einer als »Teufelspütt« bekannten Quelle vorbei, die die Gräben der Burg speiste. Sie ist von einem gemauerten Gewölbe umgeben. Der Sage nach hat hier der vorletzte Besitzer der Nienburg, Johann Gerhard Droste zur Nienburg, kurz bevor er 1675 nach jahrelangen juristischen Streitigkeiten mit der Familie von Nagel zu Vornholz und der Familie von Nagel von der Keuschenburg verhaftet wurde, seinen gesamten Schmuck vergraben. Von Versuchen, den Schatz zu bergen, und von Wanderungen zur Mitternacht wird dringend abgeraten, denn der Ort wird vom Teufel bewacht. Hier erschallen dann Hundegebell und das Kettenrasseln des Leibhaftigen.

Archäologische Funde offenbaren nicht immer klar ihr Alter und ihre Herkunft. Dieses sogenannte Ortband, dass die Spitze einer Dolchscheide ebenso schmückte wie schützte, wurde auf einem Acker in Ostenfelde gefunden. Obwohl eine Ähnlichkeit mit mittelalterlichen Ortbändern des 13. Jhs. gegeben ist, ist das Stück wahrscheinlich römisch und datiert in das 1.–3. Jh. n. Chr.

Literatur- und Kartentipps

- Christoph Grünewald, Nienburg, Ennigerloh-Ostenfelde, Kr. Warendorf. In: Heinz-Günter Horn (Hrsg.), Theiss Archäologieführer Westfalen-Lippe. Stuttgart 2008, 89–90.
- Heimatverein Ostenfelde e.V., Verkehrsverein Ennigerloh (Hrsg.), Die Ostenfelder Schlösser- und Kapellentour mit einem Abstecher zu Haus Geist bei Oelde. o. O., o. J.
- Klemens Senger, Der Tempelplatz im Promenadenbusch am Haus Vornholz. Ostenfelde. o. O., o. J.
- Westfälischer Heimatbund/Geographische Kommission für Westfalen (Hrsg.), Wandern im Münsterland. Band 1: Wanderkarten für den Kreis Warendorf. Münster 2013.
- http://www.ostenfelde-heimatverein.de/index.php?article_id=1
- https://www.lwl.org/geodatenkultur/objekt/253035

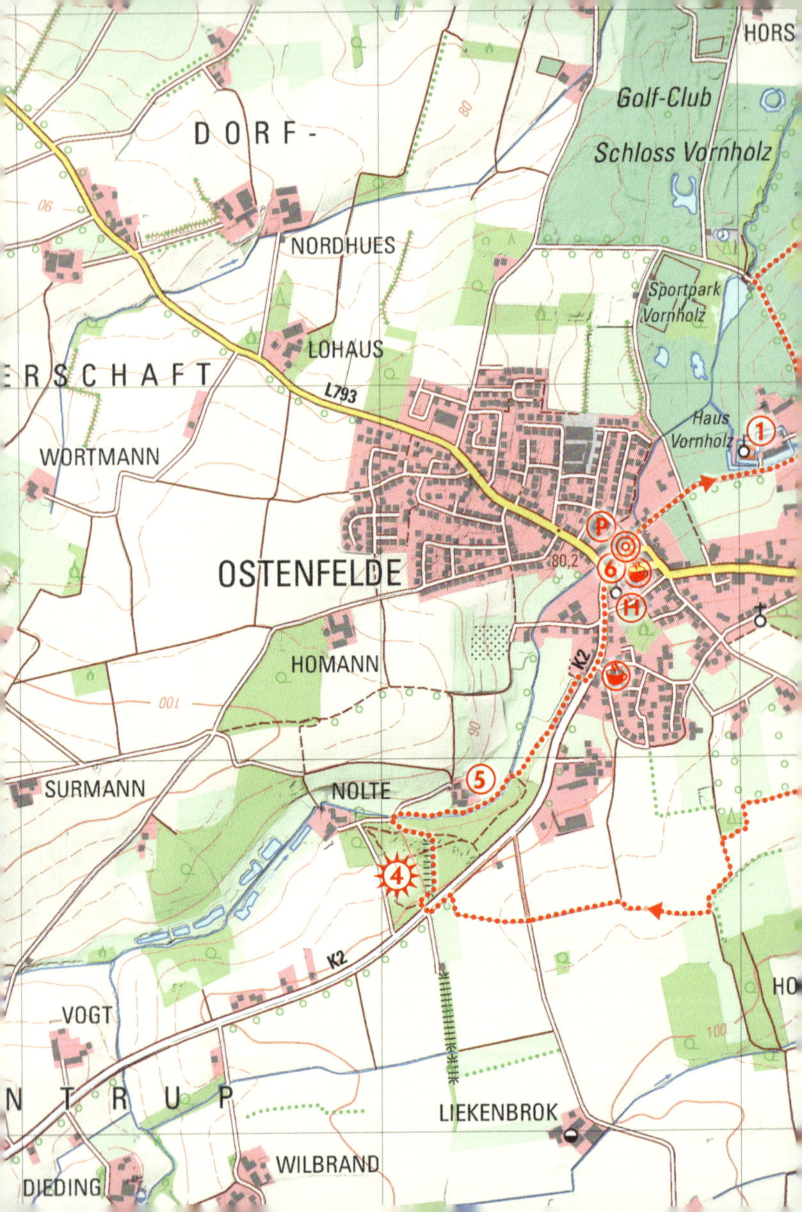
HORS
Golf-Club
Schloss Vornholz
DORF-
ERSCHAFT
NORDHUES
LOHAUS
Sportpark
Vornholz
L793
Haus
Vornholz
WORTMANN
OSTENFELDE
80,2
K2
HOMANN
SURMANN
NOLTE
VOGT
HO
NTRUP
LIEKENBROK
WILBRAND
DIEDING

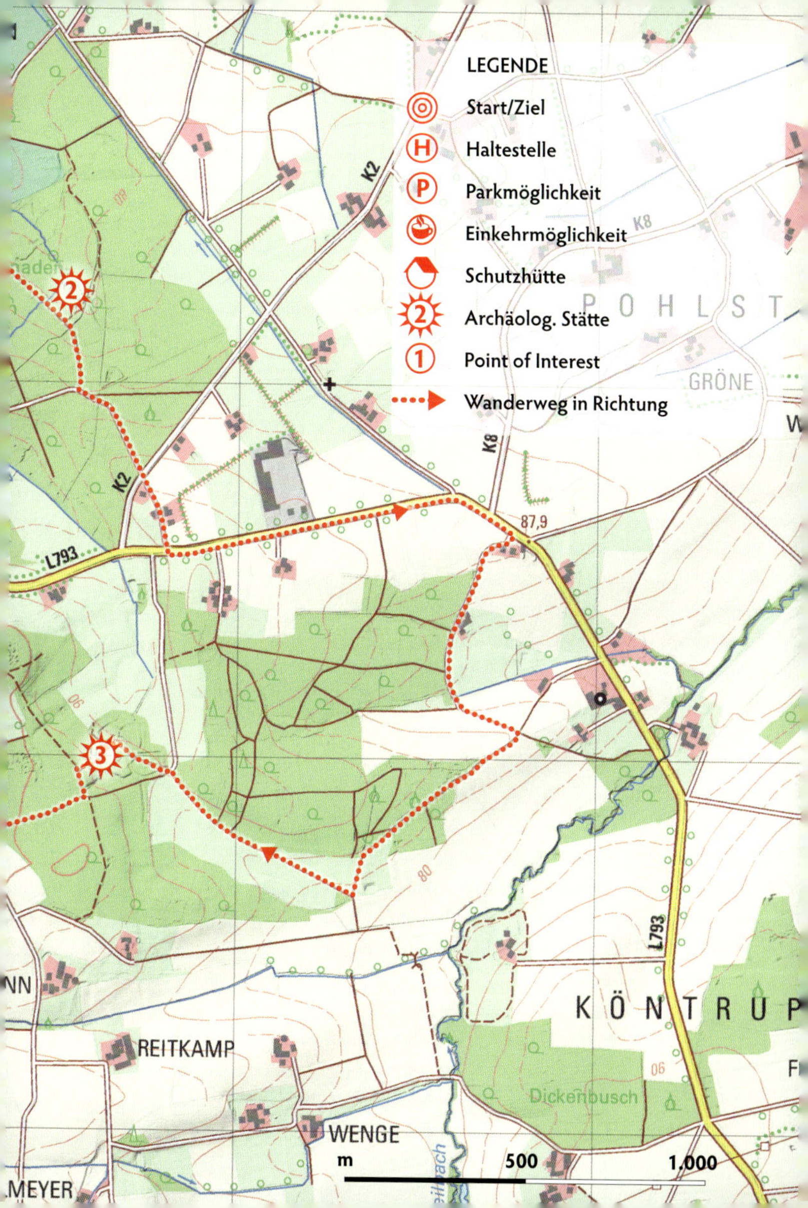
LEGENDE
Start/Ziel
Haltestelle
Parkmöglichkeit
Einkehrmöglichkeit
Schutzhütte
Archäolog. Stätte
Point of Interest
Wanderweg in Richtung
POHLST
GRÖNE
K8
K2
L793
87,9
KÖNTRUP
REITKAMP
WENGE
MEYER
Dickenbusch
m
500
1.000

Wanderung 3

Napoleon und der bronzezeitliche Bestattungskult

Ein rekonstruierter Grabhügel im Emsauenpark Telgte, Kr. Warendorf

Begeben Sie sich in den Klatenbergen und im Telgter Emsauenpark auf die Spuren des bronzezeitlichen Bestattungskultes, der sich auf dieser Rundwanderung mit mittelalterlichem Burgenbau und Relikten des napoleonischen Straßenbaus vermengt. Dies alles kann inmitten schönster Natur besichtigt und erlebt werden.

Informationen

Start/Ziel: Bahnhof Telgte

Weglänge: 11,7 km

Reine Gehzeit: 2:50 h

Steigung: ↗ 21 m, ↘ 18 m

Schwierigkeit: leichte Wanderung ohne Steigungen, kinderwagengeeignet (Sandwege)

Einkehrmöglichkeiten: mehrere in Telgte, Waldhütte (www.heidehotel-waldhuette.de)

ÖPNV: Bahnhof Telgte

Parkplätze: Bahnhof Süd, »Gildeweg«; Bahnhof Nord, »Clemensstraße«; Rathaus, Wallock

Markierte Wanderwege: [X 19]

Wegbeschreibung

Wandernde starten am Bahnhof und folgen geradeaus der **Bahnhofstraße**, um dann nach Hausnummer 43 links auf den Rad-/Fußweg einzubiegen. An der **Münsterstraße**, an der die Marienlinde steht, geht es nach rechts und kurz darauf links in die **Mühlenstraße**. Vor der **Propsteikirche St. Clemens** ①, (direkt benachbart liegen die Wallfahrtskapelle und das RELÍGIO – Westfälisches Museum für Religiöse Kultur), wenden Wandernde sich nach links und über ein Stauwehr auf die andere Seite der Ems. Dahinter geht es links/geradeaus durch den Park, über eine Brücke und über eine Fußgängerampel in die **Klatenbergstraße**. Dieser wird gefolgt über die Fußgängerampel an der B 51 und immer geradeaus durch das Waldgebiet der Klatenberge mit **vorgeschichtlichen Grabhügeln** ②. Erst an der Gabelung hinter der Bank Nr. 103 führt die Tour weiter über den rechten Weg. Nach etwa 500 m folgen Wandernde nach links dem Weg durch ein Gatter in das **Naturschutzgebiet Klatenberge** ③. An der Infotafel geht es links weiter und dann immer geradeaus und wieder durch ein Gatter hinaus und weiter dem Waldweg folgen. Haben Wandernde das Schild vom Naturschutzgebiet etwa 50 m hinter sich gelassen, folgen sie nach links dem Weg zur **Westbeverner Straße**. Dann geht es nach rechts ein Stück an der Straße entlang und dann vor dem Bach nach rechts am **Straßendamm** ④ vorbei. An der ersten Kreuzung führt die Tour geradeaus weiter und an der zweiten nach rechts. An der folgenden Gabelung geht es erneut nach rechts und an der nächsten dann über den linken Weg geradeaus weiter. Die Route führt an der Kreuzung nach rechts auf eine Schutzhütte bzw. Reitstation zu. An dieser geht es geradeaus vorbei (links liegt die Waldhütte). Vor Bank Nr. 104 wenden Wandernde sich nach links über den Graben hinweg, folgen dem Weg nach halbrechts und kommen schließlich aus dem Wald heraus an einem Feld entlang. Am Ende des ersten Feldes biegen sie wieder links in den Wald ein und an der nächsten Kreuzung rechts und schließlich links auf den Asphaltweg. An der T-Kreuzung geht es nach rechts. In der Linkskurve verlassen Wandernde den Asphaltweg nach rechts und gelangen schließlich zur B 51, der sie bis zur Kreuzung mit der B 64 folgen. Die Kreuzung geradeaus überqueren und der **Ostbeverner Straße** ca. 300 m folgen, dann links in den **Albendorfer Weg** und in der Linkskurve geradeaus in den Rad-/Fußweg, der geradeaus durch ein Wohngebiet führt. Am Ende wenden Wandernde sich nach rechts und dann links in die **Einener Straße**. Auf der rechten Straßenseite führt nach etwa 120 m ein Weg parallel zur Straße durch den Wald. Etwa 30 m hinter der Kreuzwegstation VII führt ein Pfad nach rechts auf den Hügel der **Motte** ⑤. Auf der Kuppe wenden Wandernde sich nach links auf die Kreuzwegstation IX zu und links weiter über Station X bis zu einem Asphaltweg, dem nach rechts gefolgt wird. An der Kreuzung mit dem **Emsweg [E]** geht es geradeaus. An der Ems und dem **rekonstruierten Grabhügel** ⑥ angelangt, wenden Wandernde sich nach rechts und folgen nun auf dem **[X 19]** der Ems, über die nächste Brücke und durch den Emsauenpark mit Zwischenstopp am **Napoleonshügel** ⑦ bis zum Marktplatz in Telgte. Von hier führt die **Bahnhofstraße** nach links wieder zum Ausgangspunkt zurück.

Propsteikirche St. Clemens und Wallfahrtskapelle St. Marien ①

Die 1170 erstmals erwähnte Clemens-Kirche geht möglicherweise auf eine Gründung im 9. Jahrhundert zurück. Beim heutigen Bau handelt es sich um eine nach dem Stadtbrand 1522 errichtete spätgotische Hallenkirche. Wegen der vielen Wallfahrer*innen wurde sie im 19. Jahrhundert vergrößert, wofür der alte Turm einem neuen weichen musste. Der achteckige Barockbau der Wallfahrtskapelle von 1654–57 birgt das Telgter Gnadenbild, das Jahr für Jahr rund 100.000 Gläubige, meist in organisierten Prozessionen, nach Telgte zieht. Der Bau ist Ausdruck der massiven Förderung der Telgter Wallfahrt durch Fürstbischof Christoph Bernhard von Galen (1650–78). Die hölzerne Pietà mit Reliquien im Inneren stammt aus der Zeit um 1370. Vitrinen mit Votivgaben erinnern an die zahlreichen Leiden und Bitten der Wallfahrer*innen.

Grabhügel in den Klatenbergen ②

In den Klatenbergen befinden sich einige Grabhügel, die ohne genauere Untersuchungen grob in die Bronzezeit und beginnende Eisenzeit zu datieren sind. Zwischen den Bäumen sind sie in der unebenen, sandigen Dünenlandschaft auch für Archäolog*innen nicht immer leicht zu erkennen. Wandernde kommen hinter dem Waldfreibad und nach der Kreuzung mit »Im Klatenberg« an eine Gabelung, an der die Tour geradeaus weiterführt. Nur wenige Meter den rechten Weg hinein liegt auf der rechten Seite eine Erhebung, die im Gegensatz zu den meisten anderen in der Umgebung eine regelmäßige, runde

Im DGM sind die Grabhügel oft besser sichtbar als im Gelände.

Form aufweist. Ein weiterer Hinweis darauf, dass es sich um einen künstlich aufgeschütteten Grabhügel handelt, ist die Kuhle in seiner Mitte. Hier wurde wohl im 19. Jahrhundert oder vorher ein trichterförmiges Loch ausgehoben, um die im Hügel vermuteten Grabbeigaben zu bergen. Archäolog*innen sprechen davon, dass der Hügel »getrichtert« wurde. Aufgrund seiner geringen Größe gehört der Hügel eher in die Eisenzeit als in die Bronzezeit (mehr zu bronzezeitlichen Grabhügeln s. ⑥; mehr zum Trichtern s. Exkurs). 200 m weiter nördlich befindet sich ein weiterer Grabhügel direkt links vom Weg und wer aufmerksam schaut, kann bis zum Eintritt in das Heidegebiet noch weitere entdecken. Wo gestorben wurde, wurde auch gelebt. Aber die Orte, an denen die hier Bestatteten gesiedelt haben, wurden bisher nicht gefunden.

Naturschutzgebiet Klatenberge ③

Die Klatenberge erhielten ihre Gestalt nach der Eiszeit vor rund 10.000 Jahren, als die Flusssande der Ems durch Windverwehungen zu Dünen aufgeworfen wurden, die sich bis zu 14 m hoch über die Aue erheben. Der nährstoffarme Sandboden eignete sich nicht für den Ackerbau und wurde zur Holzgewinnung sowie zur Waldweide genutzt, sodass hier Heideflächen entstanden, die noch im 18./19. Jahrhundert vorherrschten. Im Zentrum des Gebietes ist noch eine zusammenhängende Fläche der typischen Wacholderheide vorhanden und wird heute entsprechend gepflegt. Dazu gehört auch das Beweiden mit Schafen und Ziegen, weshalb das Areal nur durch Gatter zu betreten ist.

Alter Straßendamm ④

Nachdem Wandernde die »Westbeverner Straße« nach rechts verlassen haben, treffen sie auf eine mit Bäumen bestandene, etwa 10 m breite Erdaufschüttung, die sich in einem leichten Bogen über etwa 170 m nach Norden fortsetzt. Südlich sind hingegen keine weiteren Spuren vorhanden. Es handelt sich um Reste einer alten Wegverbindung, die vermutlich nie fertiggestellt wurde. Der die Niederung überbrückende Straßendamm ist auf preußischen Karten von 1836–50 noch nicht verzeichnet. Dagegen bildet eine 1891–1912 entstandene Karte die von Norden kommende, über den Hof Jülkenbeck (heute Sickmann) führende Verbindung zwar ab, diese verliert sich aber ca. 150 m nach der Kreuzung mit einem anderen Weg bereits im Feld. Offenbar war zwischen 1836 und 1912 am Hof eine Abzweigung nach Westen zur bereits vorhandenen Chaussee (heute »Westbeverner Straße«) entstanden, die den südlichen Verlauf überflüssig machte. Er wurde noch bis Anfang des 21. Jahrhunderts als Feldweg genutzt.

Motte ⑤

Hinter der Kreuzwegstation VII gelangen Wandernde zu den Resten einer alten Turmhügelburg bzw. Motte (s. Wanderung 1). Der beim Abbiegen vom Weg aus wahrnehmbare Abfall des Geländes, bevor es steil den Hügel hinaufgeht, markiert die sumpfige Fläche, die die Burg einst im Norden, Süden und Westen umgab. Im Osten, wo Wandernde den Hügel wieder verlassen, schützte ein künstlich angelegter, 10 m breiter Graben die Anlage. Auf dem 4 m hohen zentralen Hügel (20 × 17 m groß) befand sich ursprünglich ein wohl aus Holz errichteter, mehrgeschossiger Wohnturm. Die Motte war wahrscheinlich seit dem 13. Jahrhundert Sitz der adeligen Familie von Vechtrup, die aufgrund von Konflikten mit dem Bischof von Münster im 14. Jahrhundert auf ihre Besitzungen in Telgte verzichten musste. Die Telgter Motte wurde verlassen und verfiel.

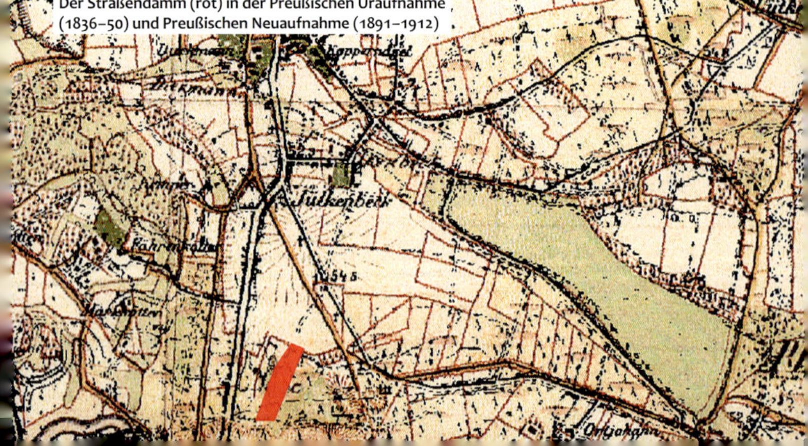

Der Straßendamm (rot) in der Preußischen Uraufnahme (1836–50) und Preußischen Neuaufnahme (1891–1912)

Der rekonstruierte bronzezeitliche Grabhügel im Emsauenpark ⑥

Am nördlichen Emsufer mitten auf einer Wiese im Emsauenpark kommen Wandernde an einem großen Erdhügel und einer darauf zuführenden doppelten Pfostenreihe vorbei. Hierbei handelt es sich um eine im Jahr 2004 von Archäolog*innen unter Beteiligung Telgter Bürger*innen errichtete Rekonstruktion eines bronzezeitlichen Grabhügels. Der eigentliche Fundort dieses inmitten eines größeren Friedhofs entdeckten Grabes liegt etwa 2 km weiter südöstlich. Zwischen mehreren hundert weiteren Bestattungen, die oftmals von kreisförmigen, länglich-ovalen oder schlüssellochförmigen Gräben umgeben waren, fiel dieser Grabhügel durch seine Größe von fast 15 m Durchmesser auf. Eine Besonderheit waren zudem die im hellen Sand deutlich sichtbaren dunklen Spuren einer ca. 40 m langen Pfostenallee, die direkt auf den von einem Graben eingefassten Hügel zuführte. Vermutlich handelte es sich um eine Art Prozessionsweg, der mit der Abschieds- bzw. Beerdigungszeremonie oder einem Erinnerungskult zusammenhing. Das eigentliche Grab befand sich in der Mitte des Hügels. Hier zeigte sich erneut ein Alleinstellungsmerkmal: Die verstorbene Person wurde unverbrannt begraben, während alle anderen Gräber Brandbestattungen aufwiesen. Solche Unterschiede veranschaulichen einen Wandel der Grabsitten. Der große Grabhügel mit der Pfostenallee stammt wohl aus der mittleren Bronzezeit (1600–1200 v. Chr.), während die anderen Gräber mit den Brandbestattungen in die späte Bronzezeit und frühe Eisenzeit (1200–700 v. Chr.) datiert werden. Es ist sehr wahrscheinlich, dass die hier bestattete Person eine herausragende Stellung in der damaligen Gesellschaft hatte, denn die Errichtung des großen Grabhügels mit Graben und Prozessionsweg hat einiges an Arbeitseinsatz erfordert. Dies zeigt die Rekonstruktion im Emsauenpark sehr deutlich.

Napoleonshügel ⑦

Direkt an der Ems treffen Wandernde auf den sogenannten Napoleonshügel. Hier ist zwischen Bäumen eine etwa 3–4 m hohe, hügelartige Erdaufschüttung zu sehen, bei der es sich um die Rampe einer Emsbrücke handelt, die nie vollendet wurde. Das Brückenfundament war wohl bereits aufgeschüttet, als mit der Niederlage Napoleons in Russland 1812 das Bauvorhaben aufgegeben und unter den Preußen nicht fortgesetzt wurde.

Exkurs: Das Trichtern von Grabhügeln

Obertägig sichtbare Denkmäler wie bronzezeitliche Grabhügel haben schon lange vor der Entstehung der Archäologie als Wissenschaft am Anfang des 19. Jahrhunderts die Neugierde der Menschen hervorgerufen. Die in ihnen gefundenen Urnen aus gebranntem Ton sowie die den Verstorbenen mitgegebenen Ausstattungsstücke waren begehrte Zeugnisse der »heidnischen Vergangenheit« (den Begriff »Bronzezeit« gibt es erst seit 1836). Sie landeten in sogenannten Kuriositäten- oder Raritätenkabinetten von Privatgelehrten oder hochrangigen Persönlichkeiten. Die Bergung erfolgte mit dem Fokus auf die Artefakte, ohne Rücksicht auf andere Merkmale wie Hügelaufbau, Grabeinhegungen o.ä. Die Suchenden wussten, dass sich die Bestattung im Zentrum des Hügels befand. Die Beigaben sollten mit möglichst wenig Aufwand herausgeholt werden. Dafür wurde eine Eisenstange in den Hügel gestoßen. Wenn sie auf Widerstand traf, wurde senkrecht bis zur Grabkammer gegraben. Ein solches Loch erhielt automatisch eine trichterförmige Gestalt, weshalb diese Vorgehensweise »Trichtern« genannt wird. Heutzutage sind an vielen Grabhügeln die Spuren dieses Grabraubes noch in Form von Dellen sichtbar. Das aus ehrlichem Interesse, Habgier oder z.T. auch von Wochenendgesellschaften als Freizeitvergnügen ausgeübte Trichtern hat aus Sicht der modernen Archäologie unwiderrufliche Zerstörungen mit sich gebracht. Der Wert von Funden kann nur durch ihren Kontext ermittelt werden.

Diese sogenannte Bügelplattenfibel aus Bronze stammt aus einem Frauengrab der jüngeren Bronzezeit (1000–800 v. Chr.) von demselben Gräberfeld wie der unter ⑥ beschriebene Grabhügel. Die Gewandschließe war nicht als Teil der Kleidung mit der Verstorbenen verbrannt worden, sondern wurde ihr als wertschätzende Beigabe mit ins Grab gelegt.

Literatur- und Kartentipps

- Bérenger, Daniel/Grünewald, Christoph (Hrsg.), Westfalen in der Bronzezeit. Münster 2008.
- Landschaftsverband Westfalen-Lippe (Hrsg.), Radwanderführer EmsAuenWeg. Kulturhistorischer Führer von Warendorf bis Rheine entlang der Ems mit 78 Stationen auf 115 km. Steinfurt 2004.
- Straßmann, Arno, Hauptwanderweg X19. Von Münster zum Hermannsweg bei Bielefeld auf einer Länge von 80 Kilometern. Münsterland zu Fuß, hg. vom Westfälischen Heimatbund. Münster 2014.
- Westfälischer Heimatbund/Geographische Kommission für Westfalen (Hrsg.), Wandern im Münsterland. Band 1: Wanderkarten für den Kreis Warendorf. Münster 2013.
- Naturlehrpfad Emsauenpark: https://www.gruener-stern-emsradweg.de/index.php/naturlehrpfad-emsauenpark-renaturierte-aue-erleben/

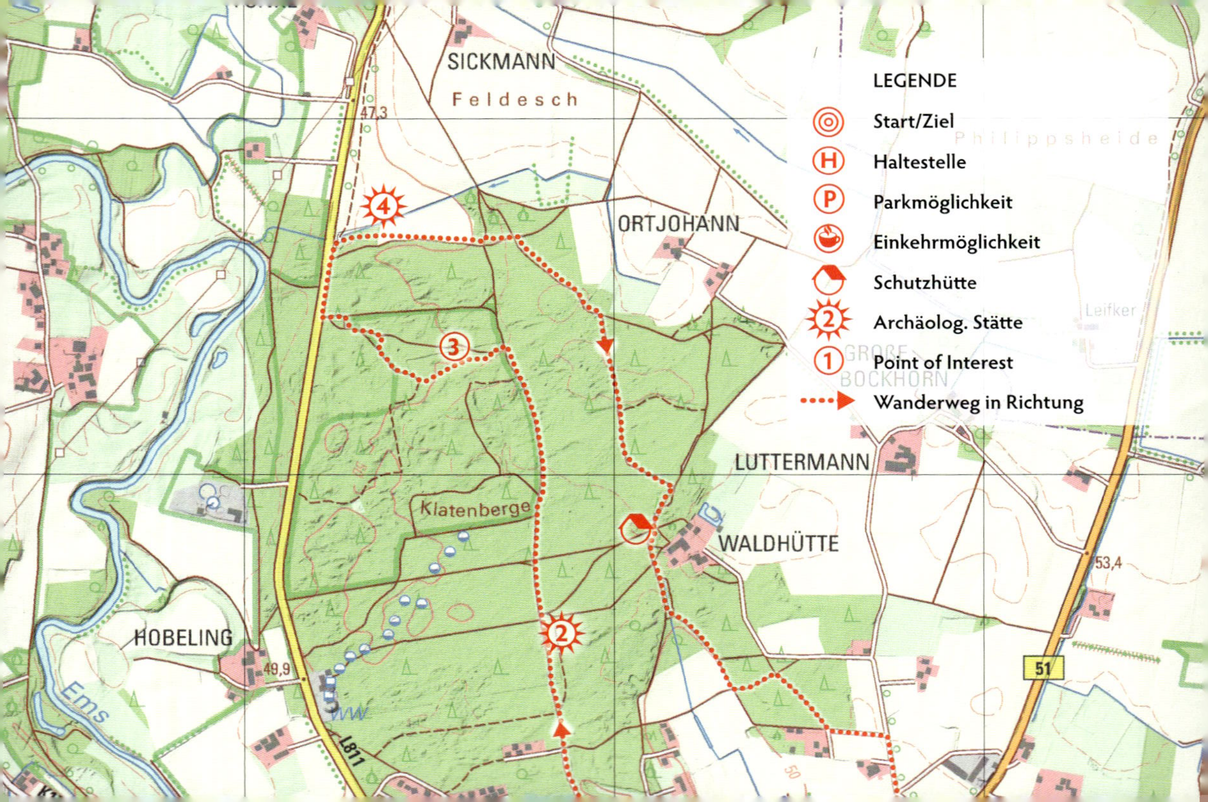
LEGENDE
Start/Ziel
Haltestelle
Parkmöglichkeit
Einkehrmöglichkeit
Schutzhütte
Archäolog. Stätte
Point of Interest
Wanderweg in Richtung
SICKMANN
Feldesch
Philippsheide
47,3
ORTJOHANN
Leifker
GROßE BOCKHORN
LUTTERMANN
Klatenberge
WALDHÜTTE
53,4
HOBELING
49,9
51
Ems
L811
50

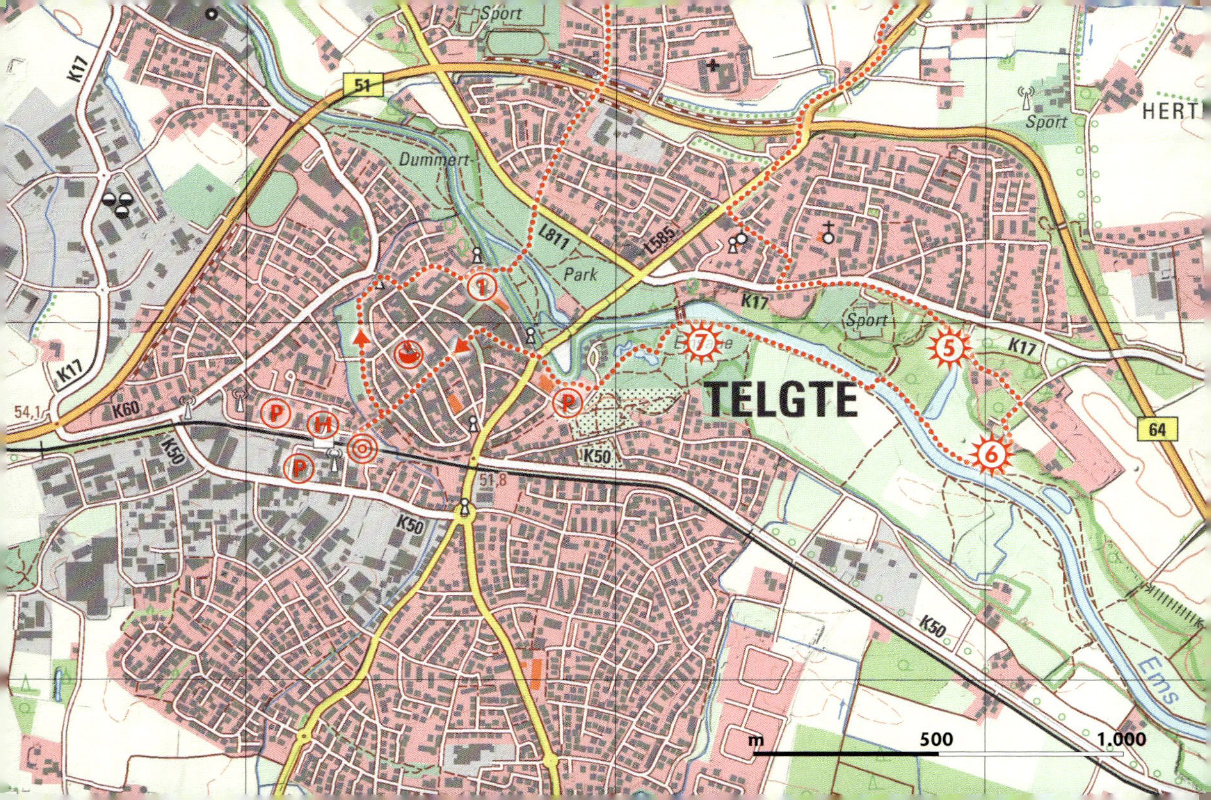

TELGTE
Ems
HERT
Sport
Sport
Sport
Park
Dummert
64
51
K17
K17
K17
K17
K50
K50
K50
K50
K60
L585
L811
51,8
54,1
1
5
6
7
P
P
P
P
H
m
500
1.000

Wanderung 4

Von alten Burgen und Burgmannshöfen

Die Oldenburg bei Laer, Kr. Steinfurt

Mit Laer und Horstmar verbindet diese Wandertour zwei idyllische münsterländische Gemeinden, die beide frühmittelalterliche Wallburgen von archäologischer Bedeutung vorzuweisen haben. Baudenkmäler wie die Burgmannshöfe von Horstmar, die beiden gotischen Ortskirchen und eine alte Windmühle machen die Wanderung zu einer attraktiven Tour voller Highlights.

Informationen

Start/Ziel: Kirche St. Bartholomäus in Laer (»Hohe Straße«)

Weglänge: 24,5 km

Reine Gehzeit: 6:05 h

Steigung: ↗/↘ 127 m

Schwierigkeit: mittelschwere Wanderung mit wenigen, leichten Steigungen; nicht kinderwagengeeignet

Einkehrmöglichkeiten: verschiedene in Laer und in Horstmar, Bahnhofscafé Horstmar (https://bahnhofscafe-horstmar.webnode.com/), Torhaus Laer (sonntags, https://www.tourismus-laer.com/restaurant-torhaus)

ÖPNV: S 70 Münster Hbf—Vreden, Bushaltestelle »Hohe Straße«

Parkplätze: zahlreiche Parkmöglichkeiten im Ortszentrum von Laer (z. B. »Hohe Straße«/«Alter Speicher«)

Markierte Wanderwege: [X 5], [X 11]

Wegbeschreibung

An der Südseite der Kirche (**Hohe Straße**) befindet sich der Einstieg in die Wandertour. Auf Höhe des Turmes geht es links in den **Kolpingweg** und nach Überquerung des Ewaldibaches rechts an seinem Ufer entlang. Im Pflaster finden sich Tafeln mit Hinweisen auf historische Gebäude und Plätze, die hier einst standen. Wandernde folgen dem Bach bis **Löchtefeldstiege** und wenden sich dort nach rechts.

Ab dem Überqueren der **Darfelder Straße** (in **Esch** und geradeaus) übernimmt der Hauptwanderweg [X 5] die Führung. Ca. 1 km hinter der Reithalle Laer, dort wo der [X 5] nach links abbiegt, liegt rechts im Wald die **Oldenburg** ①. Ein Rundweg ist möglich und lohnenswert (s. u.). Nach der Erkundung der Burg geht es von der Kreuzung des Weges mit dem ersten Wall weiter nach Westen, sich links haltend durch die baumbestandene Vorburg, und über eine Brücke, die den Graben überspannt.

Am Waldrand trifft der Weg auf eine kleine Straße [X 5]. Es geht nach rechts weiter (40 m nach links liegt die Fünf-Wunden-Kapelle). Etwa 2,5 km weiter, an der T-Kreuzung, biegt der Weg nach rechts ab und kommt zum Torhaus. An der nächsten Gabelung nehmen Wandernde den linken Abzweig zwischen den Feldern entlang und kommen auf einen weiteren Hof zu.

Dahinter folgen sie dem Weg nach rechts und verlassen kurze Zeit darauf den [X 5], um nun dem [X 11] halbrechts zu folgen. Ein alter Hof am Berghang bietet einen tollen Blick auf Horstmar. Der Weg führt an den Gebäuden vorbei bis zu einer halbhohen Mauer, dort nach links und wieder rechts und nach Überquerung der Fußgängerbrücke wieder links.

Der [X 11] führt über die **Schöppinger Straße** in den Ortskern mit seinen vier **Burgmannshöfen** ②, an der Kirche vorbei bis fast zur **Burg Horstmar** ③. Um diese zu sehen, gehen Wandernde dort, wo der [X 11] vom **Burgweg** nach rechts abbiegt, noch ca. 100 m weiter und finden ein Infoschild auf der linken Seite vor.

Wieder zurück auf dem [X 11] folgen Wandernde diesem aus dem Ort hinaus bis **Haus Alst** ④. Hinter dem Herrenhaus biegt der [X 11] links ab, während diese Tour geradeaus zum Waldfriedhof führt und dort nach rechts in **Niedern** weitergeht. Am nächsten Hof verläuft die Tour nach links und die nächste wieder rechts in den **Borghorster Weg**. Dieser trifft auf einen reinen Rad- und Fußweg, eine aufgegebene Bahntrasse, der Wandernde nach links etwa 2 km lang folgen. An der Unterführung geht es die Treppe hoch und dann nach links auf **Alteburg** Richtung Laer.

Nach etwa 650 m wenden Wandernde sich nach rechts auf einen Wald zu. An der Gabelung wird dem linken Weg gefolgt und an der T-Kreuzung wieder links und danach die zweite Möglichkeit erneut links genommen. Dieser Weg überquert die **Darfelder Straße** und führt immer geradeaus in den Ort **Laer** ⑤. Über **Ewaldigrund** und **Am Bült** erreichen Wandernde den Ewaldibach, der schon vom Hinweg bekannt ist, folgen diesem bis zur Brücke am **Kolpingweg** und von dort nach links, dann liegt an **Hohe Straße** rechts wieder die Kirche.

Oldenburg ①

Die Oldenburg liegt in erhöhter Lage und wird im Norden und Westen von einem Bachlauf geschützt. Wo das Gelände nach Süden flach ausläuft, wird es von einem 300 m langen Wall mit Graben effektiv abgeschirmt. Von der Grabensohle bis zur Wallkrone musste ein Höhenunterschied von 10 m überwunden werden. Diesen Vorwall passieren Wandernde beim Betreten des Areals als erstes. Links liegt – von nur flachen Wällen eingehegt – eine Art Vorburgbereich (»Deelborg«).

Für einen Rundgang wenden Wandernde sich am Vorwall nach rechts und an der Gabelung wieder nach rechts. Sie gehen nun zwischen Vorwall (rechts) und dem Doppelwall der Hauptanlage (links) entlang und gelangen kurz darauf zum früheren Zugang der Hauptburg. Ausgrabungen brachten an dieser Stelle erstaunliche Ergebnisse zutage: Der innere Wall verbirgt eine ohne Mörtel zusammengefügte Mauer, der ein breiter Spitzgraben vorgelagert war. Beide waren hier für ein 3 m breites, mit einer Holzkonstruktion versehenes Kammertor unterbrochen. In einer späteren Phase wurde davor eine mit Mörtel verfugte, ca. 2 m starke Mauer gebaut. Diese wurde im äußeren Wall entdeckt und war stellenweise noch 3 m hoch erhalten. Die Enden des äußeren, jüngeren Walles sind im Torbereich nach innen gebogen. Sie bildeten die Grundlage für ein 6 m breites Zangentor mit zwei Durchfahrten und einem vermutlich turmartigen Aufbau (s. Wanderung 1 und 8).

An der nächsten Gabelung führt der linke Weg zum sogenannten »Rondeelken«. Hierbei handelt es sich um eine kreisförmige Wallanlage, die auf dem höchsten Punkt im Norden des Geländes liegt (Durchmesser 90 m). In dem heute noch 5 m hoch erhaltenen Wall verbargen sich ebenfalls Reste von zwei Mauern aus auf-

Modell der Toranlage im Hauptring mit gemörtelter Mauer

einanderfolgenden Bauphasen, eine ältere Trockenmauer innen und eine gemörtelte Mauer außen. Der Zugang zum Rondeelken befand sich in einer heute noch vorhandenen Walllücke im Norden. Im Inneren entdeckten Archäolog*innen das Steinfundament eines außen ca. 24 × 19 m großen, turmartigen Wohngebäudes. Dieses gehörte zusammen mit zwei daneben befindlichen Kalkbrennöfen (nicht mehr sichtbar) zur jüngsten Ausbauphase der Burg. Der Weg führt einmal um das Rondeelken herum und mündet schließlich nahe dem ehemaligen Tor am Hauptwall wieder in den Hinweg. Die Wandertour Richtung Horstmar wird fortgesetzt an der ersten Gabelung am Vorwall (s. Wegbeschreibung).

Das Gesamtareal misst etwa 13 ha, was die Oldenburg zu einer der größten Wallburgen Westfalens macht. Errichtet wurde sie wohl im 9. Jahrhundert, vermutlich als Fluchtburg. Hierher konnte sich die in der Umgebung lebende Bevölkerung in Notzeiten zurückziehen. Die Befestigung mit Trockenmauern und Gräben wurde in einer zweiten Phase durch stabilere, mit Mörtel verfugte Mauern ersetzt. Das Rondeelken wurde erst um 1000 n. Chr. gebaut. Hier nutzte vermutlich eine adelige Familie das bereits befestigte Areal für den Bau ihres Wohnturms. Solche Gebäude hatten bis zu drei Geschosse, sodass sich eine Nutzfläche von ca. 840 m² ergibt – viel Platz zum Wohnen und Wirtschaften für eine Familie mit Bediensteten, auch wenn das Untergeschoss als Lagerraum und Stall für Kleinvieh benötigt wurde. Die jüngsten Funde stammen aus der ersten Hälfte des 12. Jahrhunderts, danach wurde die Anlage anscheinend aufgegeben. Möglicherweise verließen die Bewohner*innen sie sogar fluchtartig, denn einer der beiden Kalkbrennöfen war für den nächsten Brennvorgang vorbereitet, aber nicht mehr abgebrannt worden.

Der Borchorster Burgmannshof

Horstmar ②

In mittelalterlichen Städten von strategischer Bedeutung siedelte der Landesherr Vertrauensleute an, die für die Verwaltung, Justiz und Verteidigung des Ortes zuständig waren. Dies waren die sogenannten Burgmannen, meist Personen aus dem niederen Adel. Ihre Höfe lagen in der Regel in der Nähe der Stadtmauer. In Horstmar sind im Randbereich noch vier von ursprünglich acht Burgmannshöfen erhalten. Ihre Gründung geht auf das 11. Jahrhundert zurück, im heutigen Erscheinungsbild stammen sie jedoch im Wesentlichen aus jüngerer Zeit. Es handelt sich um den Borchorster Hof (um 1521, z.T. spätgotischer Stil), den Sendenhof (13.–18. Jh.), den Münsterhof und den Merveldter Hof (beide 16. Jh., Stil der Renaissance).

Die 1217 erstmals urkundlich erwähnte Gertrudkirche gehörte zwischen 1325 und 1806 zu einem hier gegründeten Kollegiatstift (s. Exkurs Wanderung 8). Die heute sichtbare gotische Hallenkirche entstand Ende des 14. Jahrhunderts.

Burg Horstmar ③

Obwohl noch Reste der Befestigungsgräben erhalten sind, ist aufgrund des starken Bewuchses nicht mehr viel von der Burg Horstmar zu sehen. Für die 1154 erstmals erwähnte Anlage wird eine deutlich frühere Entstehungszeit vermutet. Edelherren von Horstmar gibt es bereits seit 1092. Nach kriegerischen Auseinandersetzungen verkaufte der Besitzer Graf Friedrich von Rietberg die Burg im Jahr 1269 an das Stift Münster. Sie entwickelte sich zum gerne genutzten Sitz der münsterschen Bischöfe und wurde seit

Die Burg Horstmar im DGM

dem 15. Jahrhundert in Konkurrenz zum nahegelegenen Steinfurt, das eine unabhängige Grafschaft war, weiter ausgebaut. 1636 fiel sie den Zerstörungen des Dreißigjährigen Krieges zum Opfer.

Haus Alst ④

Das 1217 erstmals erwähnte, von einem Ringwall und einem Wassergraben umgebene Herrenhaus erhielt seine heutige Erscheinung bei einem Umbau durch die Herren von Westerholt im Jahre 1626. Die angewendete Specklagentechnik des Mauerwerks (die wechselnden Streifen von hellroten Ziegeln und gelblich-weißlichen Sandsteinen erinnern an durchwachsenen Speck) ist charakteristisch für die Niederländische Renaissance.

Laer ⑤

Bei der heute als Wohnhaus genutzten Windmühle am Rathausteich handelt es sich um eine Kappwindmühle aus den 1920er-Jahren. Bei diesem Mühlentyp sind die Flügel an einer drehbaren Kappe montiert. Dies hat den Vorteil, dass der Unterbau stabil gebaut werden und größere Flügel tragen kann.

Von der 1181 in den Quellen genannten ersten Kirche in Laer sind keine Spuren mehr erhalten. Die heute sichtbare Bartholomäuskirche, eine spätgotische Hallenkirche, geht auf das Jahr 1485 zurück. Teile mussten jedoch nach einem Brand 1599 erneuert werden. Im Westen sind noch Reste des Vorgängerbaus im romanischen Stil aus dem 13. Jahrhundert zu sehen.

Exkurs: Digitale Geländemodelle als archäologische Quelle

Seit einigen Jahren bilden digitale Geländemodelle (DGM) eine unersetzliche Quelle in der Archäologie. Am Computerbildschirm bieten sie einen wertvollen Überblick über im Boden erhaltene Strukturen und sogar über die Ausmaße der Erhebungen bzw. Eintiefungen.

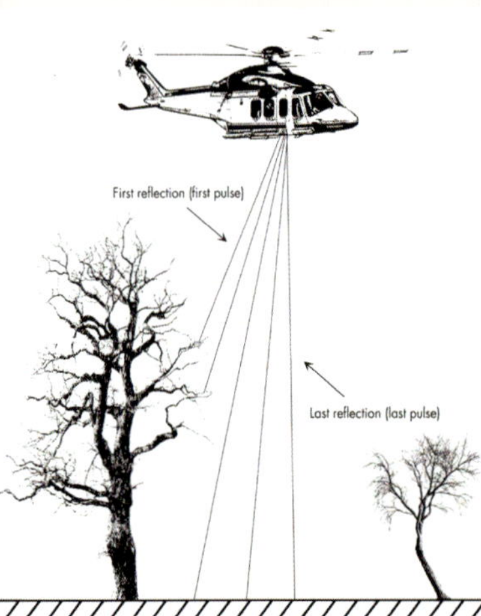

Das DGM wird durch die Methode des »Airborne Laserscannings« (ALS) gewonnen. Hierbei tastet ein z.B. an einem Flugzeug befestigter Laser den Boden ab. Anhand der Zeitspanne, die das Licht bis zum Boden und wieder zurück braucht, können Höhenwerte ermittelt werden. Diese werden für die genaue Positionierung mit einem GPS abgeglichen. Besonders interessant für die Archäologie ist es, dass die Vegetation aus dem entstandenen 3D-Modell herausgerechnet werden kann. Die Lichtstrahlen werden so engmaschig ausgestrahlt, dass der eine Strahl zwar von einem Blatt abgefangen wird (»first pulse«), weitere aber daneben auf den Boden treffen. Wenn hinterher nur die Stellen gezeigt werden, an denen der Laser am längsten bis zum Boden gebraucht hat (»last pulse«), ergibt sich ein bereinigtes Bild ohne Bäume und Büsche. Dadurch werden Bodendenkmäler im DGM oftmals deutlicher sichtbar als im Gelände selbst, wo flachere Strukturen wegen des Bewuchses oftmals gar nicht oder kaum sichtbar sind. Dies zeigt auch das Beispiel der Burg Horstmar ③ deutlich.

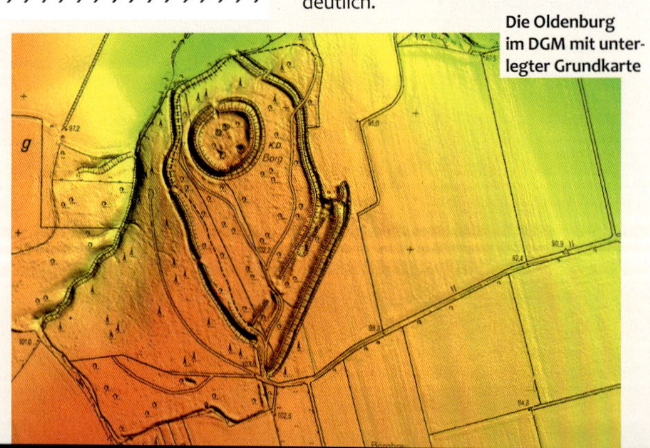

Die Oldenburg im DGM mit unterlegter Grundkarte

Dieser sorgfältig geschliffene Rauchquarz aus dem 10.–12. Jahrhundert aus der nördlich der Burg befindlichen Vorsiedlung diente wohl als Schmuckstein.

Literatur- und Kartentipps

- Christoph Grünewald, Oldenburg, Laer, Kreis Steinfurt. In: Heinz-Günter Horn (Hrsg.), Theiss Archäologieführer Westfalen-Lippe. Stuttgart 2008, 114–117.
- Philipp R. Hömberg, Oldenburg bei Laer. In: Römisch-Germanisches Zentralmuseum Mainz (Hrsg.), Münster – Westliches Münsterland – Tecklenburg, Teil II: Exkursionen. Führer zu vor- und frühgeschichtlichen Denkmälern 46. Mainz 1981, 81–93.
- Thomas Starkmann, Vom holländischen Grenzgebiet bis nach Niedersachsen. Münsterland zu Fuß – Hauptwanderweg X 5, hg. vom Westfälischen Heimatbund. Münster 2011.

HORSTMAR
MÖLLERS
VOSS
SCHULZE IKING
UHLENBROCK
KOGENSCHOTT
SCHULZE ISING
ROBERT
SCHAGERN
SCHWERSMANN
BÖRSTING
DENKLER
SCHULZE EPPING
HÖING
SCHULZE ISFORT
NIEDERN
PLOGMAKER
ROTERS
HÖING
FLIß
STEGEMANN
BECKS
SPERFELD
Dillmann
Altenburg
Rockelerbach
Pohlkemper
Sport
LEGENDE
Start/Ziel
Haltestelle
Parkmöglichkeit
Einkehrmöglichkeit
Schutzhütte
Archäolog. Stätte
Point of Interest
Wanderweg in Richtung
m 500 1.000

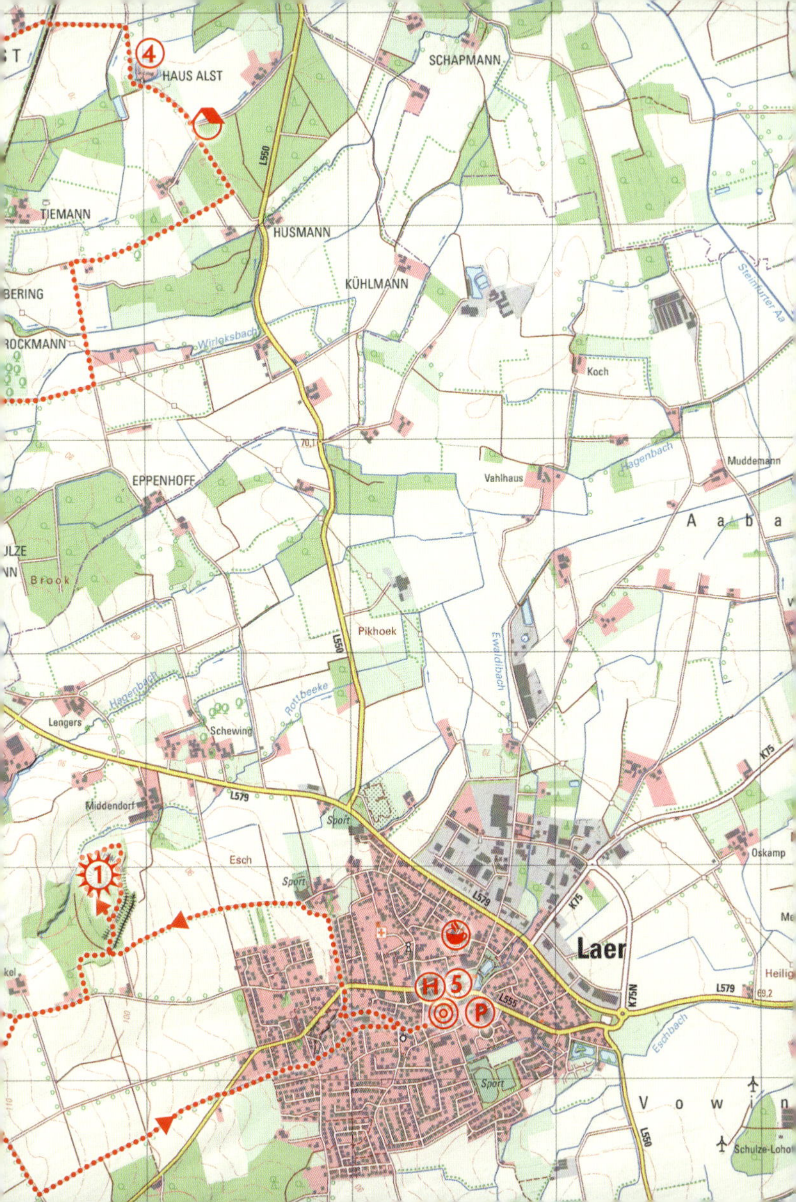

HAUS ALST
SCHAPMANN
TIEMANN
HUSMANN
KÜHLMANN
BERING
ROCKMANN
Wirleksbach
Steinfurter Aa
Koch
EPPENHOFF
Vahlhaus
Hagenbach
Muddemann
Aaba
Brook
Pikhoek
Ewaldibach
Lengers
Hagenbach
Rottbeeke
Schewing
L579
Middendorf
Sport
Esch
Sport
Oskamp
L550
K75
Laer
L555
L579
K75N
Eschbach
Sport
Vowin
Schulze-Lohof

Wanderung 5

Havixbecker Schnadgang

Die Landwehr zwischen den Kirchspielen Havixbeck und Tilbeck, Kr. Coesfeld

Diese Wanderung führt mitten in die Baumberge, die im Münsterland mit bis zu 187 m die höchste Erhebung bilden. Inmitten der sanft hügeligen Landschaft befinden sich einige archäologische Besonderheiten, von denen auf dieser Wanderung mehrere entdeckt werden können.

Informationen

Start/Ziel: Bahnhof Havixbeck

Weglänge: 14,4 km

Reine Gehzeit: 3:50 h

Steigung: ↗/↘ 205 m

Schwierigkeit: mittelschwere Wanderung mit leichten Steigungen, kinderwagengeeignet (nur das Stück auf Vaders Platz zu erfordert einen geländegängigen Kinderwagen)

Einkehrmöglichkeiten: Hotel Café Pannkokenhus Teitekerl (www.teitekerl.de), Café im Dettener Dorfladen (https://dettener-dorfladen.de/), Hotel Restaurant Zur alten Post (www.zuraltenpost.de), Landhaus Schapdetten (»Roxeler Straße« 7)

ÖPNV: Bahnhof Havixbeck

Parkplätze: Bahnhof (»Masbeck«); Teitekerl (»Lasbeck« 43)

Markierte Wanderwege: [X 4], [A 3], [N 3], [N 2], [X 13], Baumberger Ludgerusweg, Zugangsweg, [X 21], [X 13]

Wegbeschreibung

Die Rundtour beginnt am Havixbecker Bahnhof. Von hier aus wenden Wandernde sich nach links [, **A5**] und an der Hauptstraße links über die Gleise. Von hier weist der **[X4]** den Weg an der **Landwehr und Hohlwegen** ① vorbei bis zum Wanderparkplatz **Drosten Loh**. Ein Stück dahinter werden **[X4]** und rechts liegengelassen und die Tour folgt dem Asphaltweg am **Lager Herbstwald** ② vorbei, um die Kurve und immer geradeaus (**[N3]**, **[A3]**).

Im Wald befinden sich v.a. links des Weges einige **Mergelkuhlen** ③. **[N3]** und **[A3]** sind die Begleitzeichen am Hachmann-Gedenkstein und an der Schutzhütte vorbei, dann sind es **[N2]** und **[A3]**. Ab Wanderparkplatz **Schapdettener Straße/Leopoldshöhe** sind **[X13]** und ausschlaggebend für die weitere Richtung bis zur Kirche in **Schapdetten** ④.

Hier verlassen Wandernde den **[X13]** und folgen weiter dem . **[S1]**, **[S2]**, **[S4]** gesellen sich hinzu. Nachdem die L843 erneut überquert wurde, beginnen am **Tilbecker Mordkreuz** ⑥ der **[X21]** und der Baumberger Ludgeruswanderweg entlang der alten **Landwehr** ①.

An einer Gabelung mit Infotafel geht es nach links dem **[S1]** und folgend. Nach etwa 800 m führen **[X13]** und **[A3]** nach rechts am **Steinbruch Schrievers Kuhle** ⑦ vorbei und zur ehemaligen Gaststätte Leopoldshöhe. Hier geht es geradeaus weiter u.a. über **[X13]** und **[H6]**, die Wandernde wieder zurück zum Havixbecker Bahnhof leiten.

X 21

Landwehr und Hohlwege ①

Hinter dem Hotel-Café Pannkokenhus Teitekerl quert der Wanderweg zwei linear verlaufende, sich über das Bodenniveau erhebende Wälle. Hierbei handelt es sich um die Überreste der mittelalterlichen Landwehr (s. Wanderungen 1 und 2), die hier die Grenze zwischen den Kirchspielen Havixbeck und Nottuln markierte. Als Grenzen wurden die Landwehren regelmäßig begutachtet, ihr Zustand kontrolliert und mögliche illegale Veränderungen aufgedeckt. Diese amtliche Begehung nennt sich Schnadgang.

Kirchspiele und Städte schützten zudem ihr Acker- und Weideland durch die Anlage solcher Grenzbefestigungen vor Eindringlingen, die das Land verwüsten oder Vieh stehlen wollten. Die mit dornigem Gebüsch bepflanzten Wälle bildeten nahezu undurchdringliche Hindernisse. Durchlässe gab es nur wenige und sie wurden von Schlagbäumen (= Schranken) verschlossen, die wichtigeren sogar von Wachtürmen bewacht (= Wartturm; s. Wanderung 11). So konnten Ein- und Auslass kontrolliert werden. Dafür waren sogenannte Bäumer zuständig. Diese mussten außerdem am Abend oder bei drohender Gefahr die Schranke in ihrem Verantwortungsbereich fest verschließen. Der Durchlass des Wanderweges ist modern, aber der alte Schlagbaum befand sich nur ca. 100 m weiter östlich. Ein Hof ganz in der Nähe heißt auf einer Karte von 1836–50 (Preußische Uraufnahme) noch Schulze Böhmer, hier wohnte also früher der hiesige Bäumer.

Etwa 60 m hangaufwärts kreuzt der Wanderweg wieder lineare, diesmal in den Boden eingetiefte Strukturen. Hierbei handelt es sich um alte Wegespuren. Sie sind Reste einer historischen Wegeverbindung zwischen Havixbeck und Nottuln,

Hohlwege

die den oben beschriebenen Schlagbaum passierte. Am Durchlass bündeln sich die Wegspuren und fächern dann bergauf wieder auseinander. Sie sind durch die stetige Beanspruchung des Untergrundes durch Wagen und deren Zugtiere entstanden. Die Wagenräder und die Hufe haben den Boden gelockert, der dann beim nächsten Regen abgeflossen ist. So entstanden im Laufe der Zeit z.T. tiefe Hohlwege. Waren sie nicht mehr befahrbar, suchten sich die Fuhrwerke einen neuen Weg und es entstanden – wie an dieser Stelle – beeindruckende Hohlwegbündel. Da die Wegspuren unmittelbar mit der Landwehr zusammenhängen, können sie ebenfalls in das Mittelalter datiert werden. Hinter Schapdetten treffen Wandernde erneut auf diese Landwehr und folgen ihr über eine lange Strecke. Die helle, stark beschädigte Oberfläche der Wälle zeigt, wie massiv das Bodendenkmal hier in Mitleidenschaft gezogen wird. Was früher ein effektives Annäherungshindernis war, wird heute von Hobbysportler*innen als »Highway« genutzt und dadurch weiter zerstört.

Lager Herbstwald ②

Mitten am Steilhang am Drosten Loh ist ein Stück neueste Geschichte zu einem archäologischen Relikt geworden. »Lager Herbstwald« ist die Tarnbezeichnung für eine Ausweich-Kommandozentrale des Generalkommandos Münster am Ende des Zweiten Weltkriegs. Anfang 1944 begann der Bau der in den Hang gegrabenen Bunker und Luftschutzstollen sowie der zwölf obertägigen Baracken. Im Oktober desselben Jahres wurde die Anlage in Betrieb genommen. Die Bunker, deren Überreste z. T. noch rechts und links des Wanderweges sichtbar sind, boten mehreren Hundert Personen Schutz. Am 30. März 1945 verließen die letzten deutschen Militärs wegen der vorrückenden amerikanischen Einheiten das Lager. 1948 wurden die Bauten gesprengt und die übrig gebliebenen Stolleneingänge zugemauert.

Mergelkuhlen ③

Am südlichen Hang der Baumberge können Wandernde bei gelegentlichem Blick in den Wald tiefe Kuhlen mit Durchmessern von 13–20 m entdecken. Hier wurde vermutlich im 18. und 19. Jahrhundert der anstehende Mergel zur Untermengung auf den benachbarten Feldern abgegraben. Zum Weg hin sind die Gruben meist an mindestens einer Stelle verflacht. Hier befand sich wohl die Rampe, über die der Rohstoff abtransportiert wurde. Vom Transport zeugen auch noch tiefe Rinnen (= Hohlwege), die von den Gruben hangabwärts führen.

Mergel ist ein sehr feinkörniges Sedimentgestein, also durch Ablagerung und allmähliche Verfestigung entstanden. Durch seinen hohen Kalkgehalt von 35–65 % ist es nicht nur ein wichtiger Rohstoff zur Herstellung von Zement, sondern zudem zum Neutralisieren von sauren Böden geeignet. Lange wurde Mergel wegen seiner anfänglichen Ertragssteigerung als Dünger auf Feldern verwendet. Nach einiger Zeit wird der Boden allerdings unfruchtbar und laugt aus – man spricht auch von »ausgemergelt«.

Bei den flacheren Wallstrukturen, die häufig neben den Mergelkuhlen in Wegesnähe aufzufinden sind, hat es sich möglicherweise um die Markierung ehemaliger Besitz- bzw. Parzellengrenzen gehandelt.

Schapdetten ④

Spätestens im 11. Jahrhundert entwickelte sich um einen Hof und eine Kirche herum der Ort Schapdetten, dessen Name 1230 erstmals in Schriftquellen auftaucht. Der Wehrturm der dem hl. Bonifatius geweihten Kirche geht auf das 12. Jahrhundert zurück. Der charakteristische Treppengiebel und das Kirchenschiff selbst stammen aus dem 16. Jahrhundert, sie wurde um 1930 aber noch einmal erweitert.

Hexenpütt ⑤

Einen Abstecher ca. 200 m nach links auf der Landstraße lohnt der sogenannte Hexenpütt. Es handelt sich um einen der vielen Quellbereiche, für die die Baumberge berühmt sind. An sieben Stellen tritt hier Quellwasser aus und vereinigt sich zum Kuckenbecker Bach.

Tilbecker Mordkreuz ⑥

Nach Überquerung der Landstraße steht direkt am Fuß der Baumberge auf einem modernen Sockel ein altes, 83 cm hohes Steinkreuz. Laut Inschrift wurde das Kreuz 1647 repariert und erinnert an eine Tilbecker Bäuerin, die hier vermutlich lange vorher ermordet wurde (s. Exkurs). Das als Gedenk- und Sühnestein direkt am alten Fernweg von Münster nach Coesfeld aufgestellte Kreuz war für alle Reisenden gut sichtbar. Zudem sperrte hier im Mittelalter ein Schlagbaum den Weg durch die Landwehr. Ihre Wälle ragen hinter dem Kreuz deutlich sichtbar auf und begleiten den Wanderweg nun über mehrere Kilometer.

Ehemaliger Steinbruch Schrievers Kuhle ⑦

Auf der Leopoldshöhe befindet sich in knapp 170 m Höhe der ehemalige Steinbruch Schrievers Kuhle. Hier wurde der als Baumaterial spätestens seit dem Mittelalter äußerst begehrte Baumberger Sandstein gebrochen. Noch bis in die 1950er-Jahre diente er auch für die Renovierung des Münsteraner Doms als Rohmaterial. Inzwischen ist die Sohle des Steinbruchs teilweise verfüllt, sodass vor allem noch die jüngeren Mergelschichten sichtbar sind. Die Rückeroberung des Geländes durch die Natur hat eingesetzt.

Exkurs: Die Sage vom Mord an der Merschen Tilbeck

Die Mersche Tilbeck war eine gestandene Bäuerin aus der Bauerschaft Tilbeck. Eines Abends genehmigte sie sich in einem nahegelegenen Gasthof etwas zu trinken. Es war ein lustiger und äußerst trinkseliger Abend. Als die Bäuerin ihre Zeche zahlte, um sich auf den Heimweg zu machen, wurde sie von zwei Landsknechten dabei beobachtet, wie sie ihren prall gefüllten Geldbeutel durchwühlte. Metallisches Klingen ließ die beiden aufhorchen. Auf fette Beute hoffend, lauerten sie der Merschen Tilbeck an der Landwehr auf, erschlugen sie und stahlen ihren Geldbeutel. Doch als sie das Raubgut teilen wollten, fanden sie lediglich Nägel in dem Beutel. Die beiden wurden gefasst und zum Tode am Galgen verurteilt. Für die Bäuerin, die ihr Leben für eine Handvoll Nägel verloren hatte, wurde an der Stelle, an der sie starb, ein Sühnekreuz errichtet.

Dieses 25 cm lange und 1,9 kg schwere Werkzeug aus Felsgestein stammt aus der Umgebung des Steinbruchs Schrievers Kuhle (⑦). Es handelt sich um einen Setzkeil aus der mittleren Jungsteinzeit (4800-4200 v. Chr.). Er diente sehr wahrscheinlich als Keil zum Spalten von Holz.

Literatur- und Kartentipps

- Ulrike Steinkrüger, Wege der Jakobspilger in Westfalen. In 10 Etappen von Bielefeld über Münster nach Wesel. Jakobswege 11. Köln 2015.
- Wanderkarte Baumberge 1:25.000, 2. Auflage 2020.
- Westfälischer Heimatbund/Geographische Kommission für Westfalen (Hrsg.), Wandern im Münsterland. Band 2: Wanderkarten für den Kreis Coesfeld. Münster 2017.

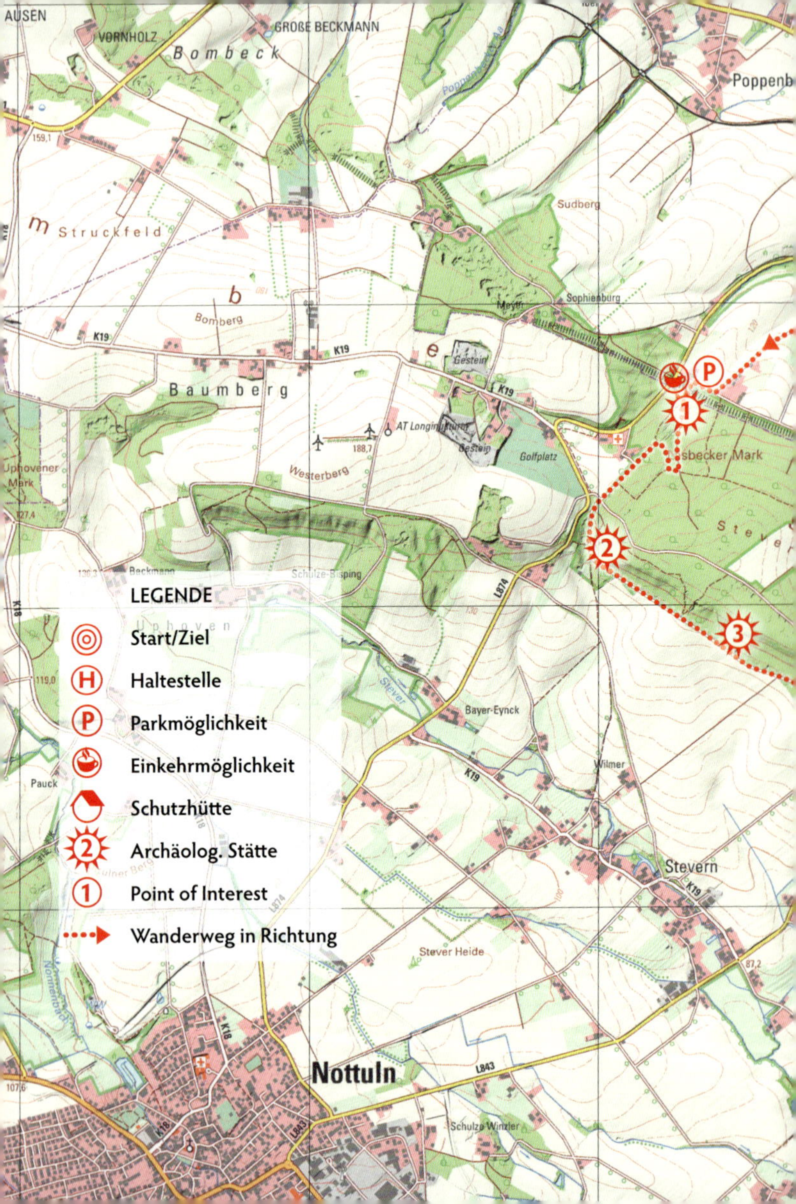

LEGENDE
Start/Ziel
Haltestelle
Parkmöglichkeit
Einkehrmöglichkeit
Schutzhütte
Archäolog. Stätte
Point of Interest
Wanderweg in Richtung
Nottuln
Baumberg
Struckfeld
Bomberg
Westerberg
Sudberg
Sophienburg
Golfplatz
Stevern
Stever Heide
Bayer-Eynck
Wilmer
Schulze-Bisping
Schulze Winzler
Pauck
Beckmann
GROßE BECKMANN
VORNHOLZ
Poppenb
Uphovener Mark
AT Longinusturm
Gestein
Stever
K19
K18
L874
L843

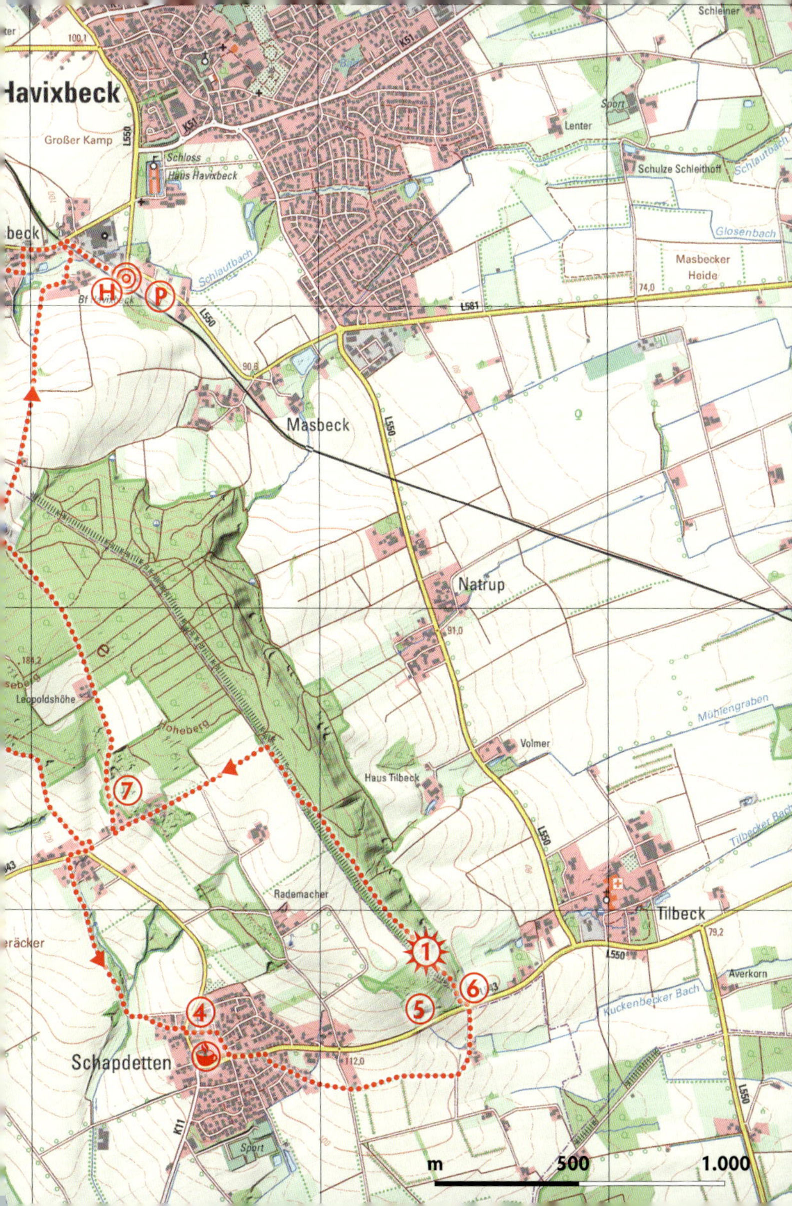
Havixbeck
Großer Kamp
Schloss
Haus Havixbeck
Schlautbach
Bf Havixbeck
Lenter
Sport
Schulze Schleithoff
Glosenbach
Masbecker
Heide
Masbeck
Natrup
Leopoldshöhe
Hoheberg
Volmer
Haus Tilbeck
Mühlengraben
Tilbecker Bach
Rademacher
Tilbeck
Averkorn
Kuckenbecker Bach
Schapdetten
Sport
m
500
1.000

Wanderung 6

Am Schweinskopf hockt das Weib

Die Wallanlage auf dem Schweinskopf bei Tecklenburg-Brochterbeck, Kr. Steinfurt

Diese Rundwanderung verläuft größtenteils auf einer prämierten Teutoschleife und verbindet die ur- und frühgeschichtlichen Wallanlagen auf dem Schweinskopf und an den Dörenther Klippen miteinander. Dieser Ausflug in völlig unterschiedliche Zeitepochen bietet mit den Felsformationen des Teutoburger Waldes zudem ein die Menschen zu allen Zeiten beeindruckendes Naturschauspiel.

Informationen

Start/Ziel: Alter Bahnhof Brochterbeck

Weglänge: 11 km

Reine Gehzeit: 3:10 h (TIPP: Zeit für Dörenther Klippen nehmen)

Steigung: ↗/↘ 257 m

Schwierigkeit: für das Münsterland anspruchsvolle Wanderung mit stärkeren Steigungen, nicht kinderwagengeeignet

Einkehrmöglichkeiten: Schwäbischer Gasthof Dörenther Klippen (www.gasthof-doerenther-klippen.de), Almhütte Dörenther Klippen (nur Getränke; www.schöne-aussicht.de) und verschiedene Gastronomiebetriebe in Brochterbeck

ÖPNV: Bushaltestelle »Brochterbeck Bahnhof« (R45 Lengerich—Ibbenbüren)

Parkplätze: Alter Bahnhof Brochterbeck, »Im Bocketal« 2, 49545 Tecklenburg-Brochterbeck, Wanderparkplatz Bocketal, »Im Bocketal« 12, Wanderparkplatz Dörenther Klippen

Markierte Wanderwege: Teutoschleife Dörenther Klippen, Hermannsweg [H]

Wegbeschreibung

Mit den Gleisen und dem Hotel »Teutoburger Wald« im Rücken wenden Wandernde sich zunächst nach rechts. Direkt nach Überquerung der Bahntrasse führt ein kleiner Pfad nach links [Teutoschleifchen Brochterbecker Landpartie]. An der Kreuzung hinter dem Bach geht es nach rechts (Trimm-dich-Pfad).

An der nächsten Gabelung folgt die Tour dem nicht markierten Weg halblinks bergauf. Wieder an einer Gabelung angelangt folgen Wandernde dem Weg links bergauf. Nach wenigen Metern wird eine kleine T-Kreuzung erreicht und es geht weiter nach links. Zur Abwechslung nehmen Wandernde an der kommenden T-Kreuzung den Pfad nach rechts. Der Weg steigt steil an und führt direkt zwischen den Felsen hindurch auf den **Schweinskopf** ①.

Vom Kamm aus führt die Tour weiter nach rechts, aber ein Abstecher nach links zur Erkundung der Wälle lohnt sich. Auf dem Weg nach rechts erkennen aufmerksame Wandernde den westlichen Teil des Walles, der vom Weg gekreuzt wird. An einer Kreuzung angekommen (links sind eine Bank und der querende Hermannsweg **[H]** zu sehen), geht es weiter nach rechts ins Tal hinab. Unten treffen Wandernde auf (auch: Teutoschleifchen Dreikaiserstuhl), der sie von nun an bis zum Rastplatz auf dem Kamm mit dem Wetterpilz folgen, wo noch alte **Hohlwege** ② sichtbar sind.

Hier gesellt sich der **[H]** zur und beide weisen den Weg nach rechts und sofort wieder nach links. An der Kriegsgräberstätte biegt der **[H]** nach links ab, während die Wandertour weiter geradeaus über führt. An einem Feld mit weitem Ausblick geht es weiter geradeaus (obwohl links abbiegt) bis ein kleiner Wanderparkplatz erreicht wird. Hier führt ein kleiner Pfad links in den Wald und bergab. Unten trifft der Weg wieder auf **[H]** und .

Bevor der Rückweg dran ist, geht es noch ein Stück den **[H]** entlang, der auf den Schwäbischen Gasthof Dörenther Klippen zuführt. Dieser wird rechts umrundet und kurz vor Erreichen der Hauptstraße liegt links die **Wallburg Dörenthe** ③. Von hier geht es denselben Weg zurück zur Gaststätte und dann entlang, die nun mit ihrer Markierung an beeindruckenden **Felsformationen** ④ vorbeiführt und bis zurück nach Brochterbeck den Weg weist.

Grob geht es hinter der Almhütte nach rechts ins Tal, an einem Teich und einer Schutzhütte für Kletterer (Eulenschlucht) vorbei, wieder bergauf bis zu dem vom Hinweg bekannten Wetterpilz, dort rechts. Am entsprechenden Schild (Bank) lohnt sich ein Abstecher nach links (100 m) zum Dreikaiserstuhl. Hinter der Obstwiese und nach Überqueren der Bahngleise, kurz vor Erreichen des ersten Hauses von Brochterbeck, geht es nach links. An der nächsten Gabelung verlassen Wandernde die , wenden sich nach rechts über den Bach bis zur Hauptstraße, dort rechts über die Bahngleise und gehen auf die Bushaltestelle bzw. den Wanderparkplatz zu.

Wallanlage Schweinskopf ①

Auf dem »Schweinskopf« genannten Bergsporn befindet sich gut geschützt und mit einer weiten Sicht auf etwa 133 m Höhe eine alte Wallanlage. Wandernde betreten den Sporn von Norden, wo er durch steile Klippen natürlich geschützt ist. Dagegen wurde im Westen, Süden und Osten eine künstliche Befestigung angelegt. Sie bestand aus einer mit Erde hinterschütteten Wand aus waagerechten Holzbohlen, die durch senkrechte Pfosten gestützt wurde. Bei Ausgrabungen in den Jahren 1950 und 1998 konnte festgestellt werden, dass die Bohlenwand durch einen Brand zerstört wurde. Leider kamen nur sehr wenige Funde zutage, die keine sichere Datierung liefern konnten. Dafür ergab eine naturwissenschaftliche Untersuchung der reichlich vorhandenen Holzkohle ein Alter von 1700–1600 v. Chr. Das war eine kleine Sensation, denn damit existierte die Befestigung bereits in der frühen Bronzezeit und ist die bisher einzige nachgewiesene Wallburg aus dieser Zeit in Westfalen. Gerade deswegen gibt sie der Archäologie viele Rätsel auf. Von der Anlage und aus ihrer Nähe stammen bisher zu wenig Funde, um auf eine bronzezeitliche Besiedlung des Schweinskopfs oder seiner Umgebung zu schließen. Da kein direkter Wasserzugang vorhanden war, ist nicht von einer dauerhaften Nutzung auszugehen. Wozu diente die Wallanlage also? Und wo befand sich der ursprüngliche Zugang? Warum brannte sie nieder? Dies können nur großflächige Ausgrabungen oder zukünftige Entdeckungen vergleichbarer Anlagen beantworten.

Wallburg Dörenthe

Hohlwege ②

An der Kreuzung mehrerer Wanderwege, an der sich auch Bänke und ein Wetterpilz befinden, lassen sich einige Hohlwege (s. Wanderung 5) im Gelände entdecken. Am deutlichsten sind sie hinter dem Wetterpilz bergab zu sehen. Weniger prägnante Spuren befinden sich auf dem Weg nach Dörenthe rechts des Hermannswegs [H] und der Teutoschleife. Sie sind stark von Heidelbeersträuchern überwachsen und daher kaum wahrnehmbar. Dennoch zeigt sich, dass diese Kreuzung bereits in älterer Zeit als Knotenpunkt gedient hat und hier Wege aus dem Tal den Höhenweg kreuzten.

Wallanlage Dörenthe ③

An einem Pass über den Teutoburger Wald erreicht der Wanderweg eine weitere Wallanlage, die Wallburg Dörenthe. Der westliche Teil der Burg wurde beim Bau der Bundesstraße 219 zerstört, aber an den anderen Seiten ist die halbkreisförmige Befestigung noch vorhanden. Sie umfasst einen annähernd runden Innenraum von etwa 100 m Durchmesser. Die Erbauenden haben die natürlichen Gegebenheiten bestmöglich ausgenutzt. Nach Süden und Südosten hin gruben sie drei den Innenraum umgebende Gräben in den Hang ein, von denen der innere 10 m tief ist, sodass das zusätzliche Aufschütten künstlicher Wälle oder Errichten von Mauern oder Palisaden nicht mehr nötig war. Damit war die Anlage zum Münsterland und zum alten Pass hin sorgfältig geschützt. Im Norden und Süden befindet sich je eine Quelle, die die Bewohner*innen mit Wasser versorgte.

Leider wurde die Anlage nie archäologisch untersucht. Da das Vorhandensein der Burg beim Bau der heute mitten auf dem Plateau befindlichen Bruder-Klaus-Kapelle in den 1970er-Jahren noch nicht bekannt war, waren keine Archäolog*innen als Baubegleitung dabei. Typologisch und wegen des Fehlens jeglicher Hinweise in den schriftlichen Quellen tendieren Fachleute dazu, die Befestigung auf das 9. oder 10. Jahrhundert, also das frühe Mittelalter zu datieren.

Felsformationen Dörenther Klippen ④

Zwischen dem Ibbenbürener Pass (B 219) und Brochterbeck präsentiert sich der Hauptkamm des Teutoburger Waldes als beeindruckende Felsenlandschaft. Der in der Kreidezeit vor etwa 120 Millionen Jahren entstandene Osning-Sandstein bildete sich aus Sandablagerungen am Rande eines Meeres. Der Sand verfestigte sich im Laufe der Zeit zu Stein und wurde dann durch tektonische Spannungen zu einem Gebirgszug aufgefaltet. Hier war der Sandstein der Witterung voll ausgesetzt. Weiche Bestandteile verwittern schneller als harte Bereiche, sodass die freistehenden Felsformationen allmählich bizarre Formen annahmen. Die durch das Auffalten entstandene Schräglage der einst gerade liegenden Gesteinsschichten ist an vielen Stellen deutlich nachzuvollziehen.

Der Wanderweg Teutoschleife »Dörenther Klippen« führt auf der nördlichen Seite der Klippen entlang. Es lohnt sich, immer wieder Abstecher nach rechts zu machen, um die Felsformationen zu erkunden und den Blick in das Münsterland zu genießen. Dafür sollten Wandernde unbedingt Zeit einplanen.

Exkurs: Die Sage vom Hockenden Weib

In einer fernen Zeit, in der die Meeresfluten manchmal noch bis an die Berge heranreichten, lebte am Fuße der Klippen eine Mutter mit ihren Kindern. Bei einer starken und außergewöhnlich schnell steigenden Flut rettete die Frau sich mit den Kindern auf die Klippen. Aber das Wasser stieg immer weiter und weiter und umspülte bereits ihre Füße. Um ihre Sprösslinge zu retten, hockte sie sich hin und ließ die Kleinen auf ihre Schultern steigen. So verharrte sie und betete. Nach einer schier endlosen Zeit ging das Wasser wieder zurück. Die Kinder waren gerettet, aber die Frau war zu Stein erstarrt und so hockt sie noch heute dort, wo längst kein Wasser mehr ist.

Literatur- und Kartentipps

- Christoph Grünewald, Wallburg Dörenthe, Ibbenbüren-Dörenthe, Kr. Steinfurt. In: Heinz-Günter Horn (Hrsg.), Theiss Archäologieführer Westfalen-Lippe. Stuttgart 2008, 111–112.
- Bernhard Sicherl, Schweinskopf bei Brochterbeck, Tecklenburg-Brochterbeck, Kr. Steinfurt. In: Heinz-Günter Horn (Hrsg.), Theiss Archäologieführer Westfalen-Lippe. Stuttgart 2008, 188–190.
- Bernhard Sicherl, Die Befestigung auf dem Schweinskopf bei Brochterbeck, Stadt Tecklenburg, Kreis Steinfurt. Frühe Burgen in Westfalen 17, hg. von der Altertumskommission für Westfalen. Münster 2001.
- www.teutoschleifen.de

Replik eines Absatzbeils aus Bronze, das in der mittleren Bronzezeit, ca. 1300–1200 v. Chr., als Werkzeug benutzt wurde. Es war fest an einen L-förmigen, am kurzen Ende gespaltenen Holzschaft gebunden. Die seitliche Öse bot der Bindung besseren Halt.

STRUCK
141,7
219
RAHE
91,2
Deponie
60
L591
KRÜER
LINDMEIER
AHMANN
51,7
Kley
Wischlager Wiesen
HERKENHOFF
KLEINE STRICKER
WINDOFFER
Mühlenbach
Sport
Venne
LEGENDE
Start/Ziel
Haltestelle
Parkmöglichkeit
Einkehrmöglichkeit
Schutzhütte
Archäolog. Stätte
Point of Interest
Wanderweg in Richtung
m
500
1.000

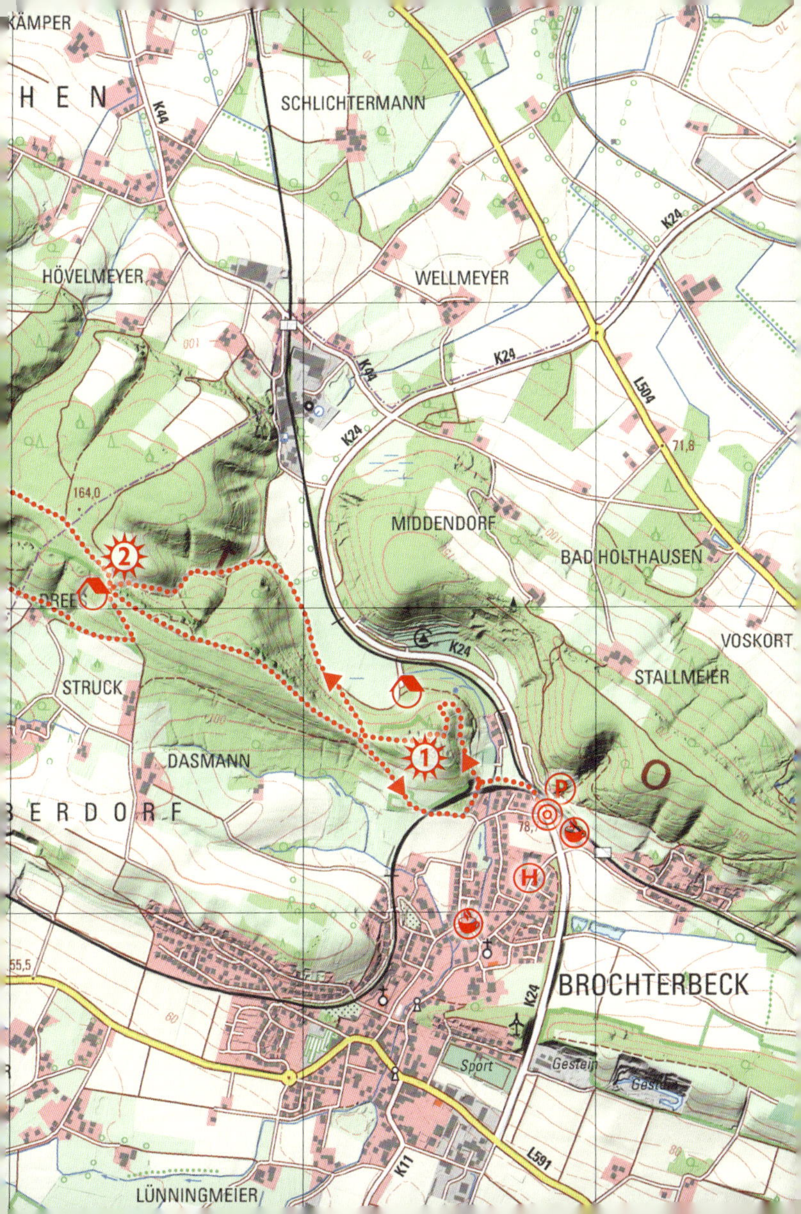

KÄMPER
HEN
SCHLICHTERMANN
K44
K24
HÖVELMEYER
WELLMEYER
K24
L504
71,8
164,0
MIDDENDORF
BAD HOLTHAUSEN
DREES
STRUCK
VOSKORT
STALLMEIER
DASMANN
ERDORF
78,1
55,5
BROCHTERBECK
Sport
Gestein
LÜNNINGMEIER
K11
L591

Wanderung 7

Als die Römer frech geworden

Die Römerlager in Haltern am See, Kr. Recklinghausen

Mit den an der Lippe gelegenen Römerlagern Haltern hat auch das Münsterland römische Zeugnisse zu bieten. Diese werden im LWL-Römermuseum mit seinem Freiluftbereich »Römerbaustelle Aliso« eindrucksvoll und lebendig präsentiert. Aber auch Naturfreund*innen kommen nicht zu kurz. Es geht mitten durch den waldreichen Naturpark Hohe Mark sowie über den als Wallfahrtsort bekannten Annaberg.

Informationen

Start/Ziel: Bahnhof Haltern am See

Weglänge: 11,4 km

Reine Gehzeit: 2:50 h
(Aufenthalt im Innen- und Außenbereich des Museums einplanen!)

Steigung: ↗/↘ 32 m

Schwierigkeit: leichte Wanderung ohne nennenswerte Steigungen; kinderwagengeeignet (Sandwege)

Einkehrmöglichkeiten: verschiedene in Haltern am See, Café im LWL-Römermuseum (www.lwl-roemermuseum-haltern.de/de/besuch/museumscafe/)

ÖPNV: Bahnhof Haltern am See

Parkplätze: verschiedene Parkplätze in Haltern, z. B. »Südwall« 15 u. 19; Bahnhof: »Annabergstraße«; Feuerwehr: »Dr.-Conrad-Straße«/»Koeppstraße«; Römermuseum: »Weseler Straße« 100

Markierte Wanderwege: [X 1], [X 17], [X 18]

Wegbeschreibung

Vom Bahnhof aus folgen Wandernde dem [X 1] geradeaus in die **Holtwicker Straße.** Der [X 1] führt über die Straßen **Am Wiegel**, **Im Hohen Winkel**, **Im Grünen Winkel** ① aus Haltern hinaus, durch einen **Hohlweg** ② und über den **Annaberg** ③ bis zur Unterführung der Autobahn. Etwa 500 m dahinter, in Bergbossendorf, geht es nach rechts auf dem [X 18] weiter durch den Naturpark Hohe Mark.

Frisch auf dem [X 18] wird dem Asphaltweg kurz nach rechts um die Kurve gefolgt, dann führt die Tour sofort wieder links über den geschotterten Weg zwischen zwei Feldern entlang. Vorsicht bei der Überquerung der **Weseler Straße**! Knapp 1 km hinter dem P&R wechseln Wandernde nach rechts auf den [X 17] bis zur Straße **Zum Silverberg**, der sie nach rechts folgen. Hinter Hausnummer 52 (linke Seite) folgen Wandernde dem Schotterweg nach links. Rechts ist die Römerbaustelle Aliso zu sehen. An der Bushaltestelle der Silverbergschule führt die Tour nach rechts, um auf die Rückseite des **LWL-Römermuseums** ④ zuzuführen. Ins Museum geht es am besten rechts um das Gebäude zum Haupteingang. Hier erhalten Interessierte auch die Eintrittskarte für die Römerbaustelle Aliso.

Nach dem Besuch führt der Weg von der Rückseite des Museumsbaus nach links in die **Arminiusstraße** und direkt wieder rechts in die **Varusstraße**. Dieser folgen Wandernde bis zum Ende. Von hier aus geht es rechts in die **Römerstraße,** an der Kreuzung geradeaus in die Fußgängerzone (**Rekumer Straße**) bis zur Sixtuskirche und zum Marktplatz.

Nun halten Wandernde sich rechts und verlassen über die **Merschstraße** und weiter geradeaus über die **Koeppstraße** die Innenstadt. Von hier geht es direkt links in den **Postweg**, wieder links in **An der Trappstiege** und sofort rechts in die **Bahnhofstraße.** Nach links führt der Weg durch einen kleinen Park direkt auf den Bahnhof zu.

Römisches Gräberfeld ①

Im Unterschied zu vielen anderen Kulturen waren die römischen Bestattungsplätze kein Ort der Ruhe und Besinnung, denn sie lagen wie in Haltern entlang der großen Ausfallstraßen. Ungefähr nördlich entlang der heutigen Straßen »Am Wiegel«, »Im Hohen Winkel« und »Im Grünen Winkel« wurden zahlreiche Gräber aus der römischen Zeit (5 v.Chr.–16 n.Chr.) ausgegraben. Über den Urnen mit dem Leichenbrand wurde üblicherweise ein Hügel aufgeworfen (Tumulus). Dieser war von meist runden, z.T. aber auch achteckigen oder quadratischen Einhegungen umgeben. Ein im Modell rekonstruierter Tumulus von 15 m Durchmesser wies eine geradezu monumentale Umfassung auf. Als Prunkstück der hier gemachten Funde gilt eine Kline (s. Exkurs) mit anspruchsvollen Verzierungen, die sorgfältig rekonstruiert wurde und nun im LWL-Römermuseum (④) zu bewundern ist.

Hohlweg ②

Nachdem der Wanderweg [X 1] die Straße »Im Grünen Winkel« in einem scharfen Knick nach links verlassen hat, erreicht er nach etwa 100 m eine geradlinige Bodenstruktur. Der Wanderweg verläuft direkt auf dem höher gelegenen Teil, der wie ein Wall wirkt. Wer jedoch genauer hinschaut sieht, dass der Weg ungefähr auf dem Bodenniveau der Umgebung liegt, während die Rinnen rechts und links tiefer sind. Damit handelt es sich um einen alten Weg, von dem sich hier zwei Trassen tief in den Untergrund eingegraben haben. Möglicherweise war die zweite Spur dem Gegenverkehr vorbehalten oder sie ist später entstanden, als die erste Trasse zu stark ausgefahren war. Das genaue Alter des Hohlwegs ist unbekannt.

Annaberg ③

Der Annaberg bei Haltern am See ist vor allem ein bekannter Wallfahrtsort. Doch wurde hier bereits im 19. Jahrhundert auch eine römische Nutzung vermutet. Mehrere kleinere Grabungen erbrachten jedoch keine eindeutigen Ergebnisse, sodass eine römische Befestigung bisher nicht bestätigt werden konnte.

Die Kapelle St. Anna wurde im Jahr 1378 erstmals erwähnt, der heutige Bau im 17. Jahrhundert von Jesuiten errichtet. Wallfahrten sind seit dem 16. Jahrhundert bezeugt. Ziel war und ist ein Gnadenbild der hl. Anna Selbdritt aus dem 15. Jahrhundert, das von einem unbekannten niederrheinischen Meister geschaffen wurde. Besondere Bedeutung erlangte der Ort nach dem Zweiten Weltkrieg für zahlreiche Vertriebene aus Oberschlesien, die hier einen Ersatz für »ihren« Annaberg in Polen fanden. In den 1960er-Jahren wurde neben der Kapelle eine größere Wallfahrtskirche errichtet. Über das Gelände führt zudem ein Kreuzweg, der in Teilen noch aus dem 17. Jahrhundert stammt.

Römerlager/ LWL-Römermuseum ④

Mit dem Ende von Cäsars Gallischen Kriegen (58–51/50 v. Chr.) stand der Rhein als Grenze zwischen Rom und dem germanischen Barbaricum zunächst fest. Wiederholte Raubzüge der Germanen erforderten jedoch eine verstärkte römische Präsenz an den Grenzen. Deshalb entstanden die Grenzlager Neuss, Xanten und Asberg. Als Reaktion auf erneute germanische Überfälle fanden von 12 v. Chr. bis 15 n. Chr. unter den Feldherren Drusus und Tiberius Kriegszüge statt, die bis zur Elbe reichten. Die Lippe war dabei das Haupteinmarschgebiet, sodass in Haltern am See und weiteren Orten an der Lippe Römerlager entstanden.

Seit dem 19. Jahrhundert finden in Haltern am See Ausgrabungen statt. In mehreren Bereichen der Stadt kamen römische Anlagen zutage, die nicht alle gleichzeitig bestanden und z. T. unterschiedliche Funktionen hatten.

Vermutlich entstand hier bereits zur Zeit der ersten Drusus-Feldzüge (ab 12 v. Chr.) ein Marschlager, also ein befestigter Platz, auf dem die Legionäre kurzfristig lagerten. Im Innenbereich dieses sogenannten Feldlagers steht das LWL-Römermuseum. Ein an der Originalstelle 90 m lang rekonstruierter Spitzgraben vor der Museumsfront zeigt, wie aufwändig ein solch temporär aufgesuchter Ort befestigt wurde. Offenbar wurde das Feldlager mehrfach in verschiedenen Jahren genutzt und dabei teilweise leicht verändert.

Die Lippe verlief zur Römerzeit weiter nördlich. Zu dem auf einer hochwasserfreien Kuppe angelegten Feldlager gehörte ein ebenfalls mehrphasig ausgebauter, befestigter Bereich direkt am ehemaligen Lippeufer (Flur Hofestatt/heute »Am Uferkastell«), über deren Zweck die jüngste Phase am besten Aufschluss gibt. Den Bodenspuren nach handelte es sich um eine regelrechte Marinebasis. Hier konnten die römischen Flusskriegsschiffe nicht nur anlegen, sondern auch in 29 m langen und 6 m breiten Schiffshäusern repariert sowie geschützt untergestellt werden. Eine ähnliche Funktion dürften auch die früheren Anlagen gehabt haben, nur dass es hier noch keine Schiffshäuser gab.

An der Marinebasis lässt sich eine Änderung der Stellung und Funktion der Halterner Anlagen ablesen. Das sogenannte Hauptlager entstand vermutlich nach den triumphalen Kriegszügen des Tiberius 7 v. Chr., als Rom seine Stellung im rechtsrheinischen Germanien als gesichert ansah und die Umwandlung in eine Provinz kurz bevorzustehen schien. In diesem Zusammenhang ist es als mächtige, weithin sichtbare Festung auf dem Platz des ehemaligen Feldlagers angelegt worden und war mit zwei Spitzgräben sowie einer ca. 3 m hohen Holz-Erde-Mauer mit Türmen umgeben. Das Westtor dieser Anlage wurde in der Römerbaustelle Aliso, dem Freilichtbereich des LWL-Römermuseums, am Originalstandort rekonstruiert und vermittelt einen imposanten Eindruck von der Dauerhaftigkeit des Lagers. Mit seinen z. T. weitläufigen und repräsentativen Bauten aus Holz im Innern für Offiziere, Kommandeure, Tribunen und Statthalter entsprach es einem Verwaltungs- und Logistikzentrum, das die Bildung der Provinz vorantreiben sollte. Von vielen Forscher*innen wird das Hauptlager inzwischen mit dem in den antiken Schriftquellen genannten Aliso gleichgesetzt.

Vor seinen Toren entstand vermutlich eine kleine zivile Vorstadt. Davon zeugen zehn große Töpferöfen, die Tongeschirr weit über den lokalen Bedarf hinaus produzierten. Dafür, dass die Römer planten dauerhaft zu bleiben, spricht zudem die südlich des Lagers nach Westen verlaufende römische Heerstraße. Wie im römischen Reich üblich befanden sich in ihrem Randbereich zahlreiche, teils monumentale Grabbauten (s. ①). Hier waren nicht nur wehrfähige Männer, sondern auch Frauen und Kinder bestattet. In Haltern lebten also ganze Familien.

Die Varusschlacht des Jahres 9 n. Chr. bedeutete für die römische Politik gegenüber dem germanischen Raum einen tiefen Einschnitt, führte jedoch nicht zum sofortigen Ende des Römerlagers Haltern. Vieles spricht dafür, dass es noch einige Jahre existierte. Dennoch scheint die Aufgabe mit kriegerischen Ereignissen in Zusammenhang gestanden zu haben. Darauf deuten einige Versteckfunde hin, wie eine Grube mit 3000 Geschützpfeilen, eine weitere mit Waffen und Bronzegeräten sowie ein Münzhort aus 187 Münzen im Wert des Jahressoldes eines Legionärs. Ein in einem Töpferofen vor dem Lager entdecktes Massengrab barg die Überreste von 24 germanischen Männern im Alter zwischen 20 und 50 Jahren. Dies

lässt an einen missglückten Angriff auf das Lager denken und zeigt, dass es unruhige Zeiten gab.

Als Tiberius 16 n. Chr. die Germanenfeldzüge abbrach, wurde wohl auch das letzte römische Lager in Haltern am See aufgegeben, ohne dass es je völlig zerstört worden wäre.

Originalgetreuer Nachbau eines Römerschiffes

Exkurs: Geschichte aus dem 3D-Drucker: Die Rekonstruktion einer 2000 Jahre alten Kline

Auf dem zu den römischen Lagern gehörigen Friedhof (s. ①) haben sich in mehreren Gräbern Zierelemente von Klinen (= Liegen, auf denen gegessen und geruht wurde) erhalten, auf denen die Verstorbenen aufgebahrt und verbrannt wurden. Die aus Rinderknochen gefertigten Verzierungen, die Figuren und Pflanzen darstellen, schmückten einst die Beine, den Kasten der Liegefläche sowie Kopf- und Fußende. Allerdings waren sie durch die Hitzeeinwirkung stark verformt und in kleine Fragmente zersplittert.

2009 begann ein Team von Spezialist*innen die Kline aus einem Grab zu rekonstruieren. Sieben Jahre dauerte der Prozess vom Sichten der Knochenfragmente bis zur fertigen Rekonstruktion. Die rund 2500 Einzelteile wurden sortiert, gereinigt und haltbar gemacht. Passende Stücke wurden zusammengefügt und alles zeichnerisch und fotografisch festgehalten. Nach fünf Jahren konnte die digitale 3D-Rekonstruktion beginnen. Dafür wurden alle verwertbaren Objekte digital erfasst und zu virtuellen Körpern, sogenannten Drahtgittermodellen, umgewandelt. Am Computer konnten nicht nur die Deformierungen herausgenommen werden, es wurden auch Erkenntnisse über die ursprüngliche Positionierung der Elemente gewonnen. Die Drahtgittermodelle waren die Basis für den finalen 3D-Druck. Hierfür wurden nacheinander jeweils 0,12 mm dünne Schichten aus Nylonpulver mittels eines Lasers gesintert (≈ geschmolzen). Danach wurde jedes Objekt poliert und versiegelt. Vor dem Anbringen an der vom Tischler nach Vergleichsfunden vorbereiteten, 2,10 m langen Kline aus Ahornholz, wurde die blendend weiße Oberfläche der 3D-Drucke noch durch vorsichtiges Auftragen von Acrylfarbe dem gelblich-weißen Ton von Rinderknochen angeglichen. Bei der Gesamtrekonstruktion wurde darauf geachtet, dass die Kline transportabel ist und dass die Verzierungselemente jederzeit umgesteckt werden können, wenn neue Erkenntnisse dies erforderlich machen.

Zu den Rekonstruktionsarbeiten gibt es auch einen 6-minütigen Film unter www.lwl-archaeologie.de/ueber-uns/filme:

Literatur- und Kartentipps

📖 Rudolf Aßkamp, Haltern, Stadt Haltern am See, Kreis Recklinghausen. Römerlager in Westfalen 5, hg. von der Altertumskommission für Westfalen. Münster 2010.

📖 Lina Pak, Klaus Sundermann, Sebastian Pechthold, Fertigstellung der 3-D-Rekonstruktion einer römischen Kline aus Haltern. Archäologie in Westfalen-Lippe 2015, 254–257.

Dieser Dolch mit passender Scheide gehörte zum persönlichen Besitz eines Legionärs in der frühen römischen Kaiserzeit. Er wurde zusammen mit dem zugehörigen Gürtel in dem ein Grab umgebenden Kreisgraben in Haltern am See gefunden. Die feinen Verzierungen aus Silber und roter Emaille machen ihn zu einem Prunkstück.

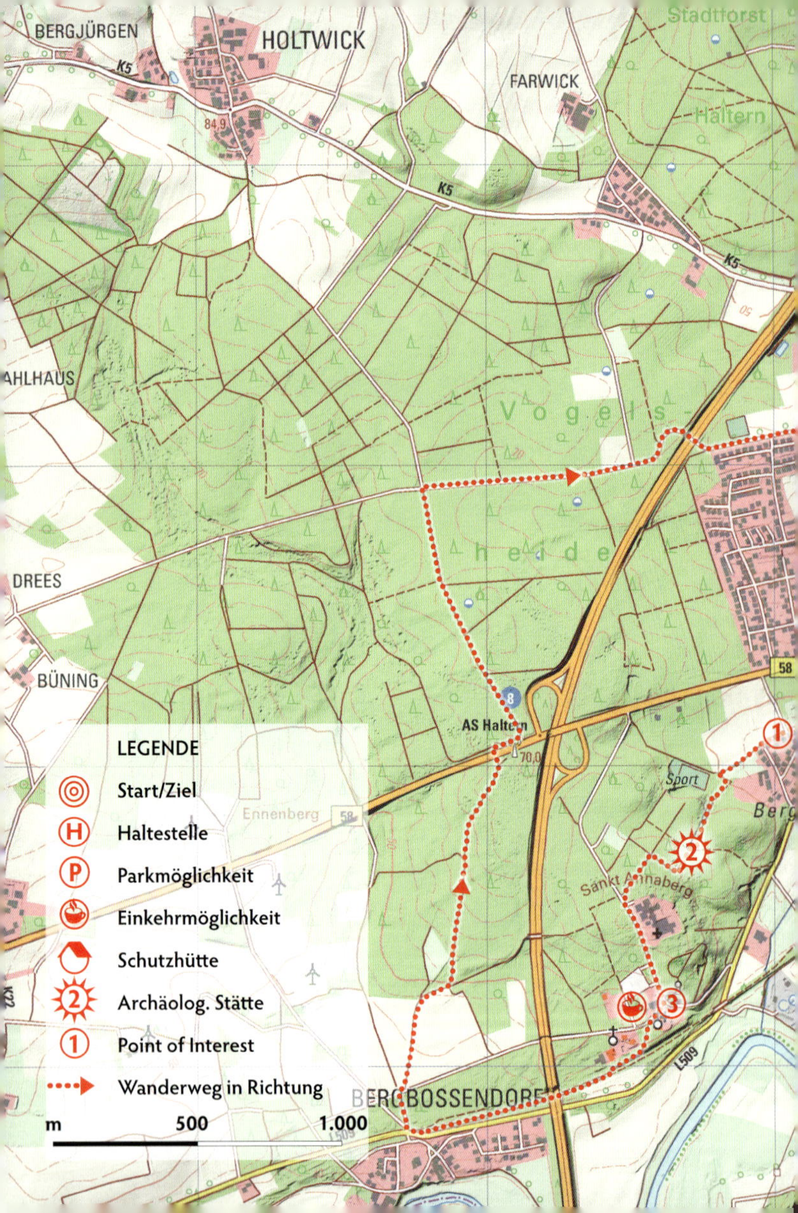
BERGJÜRGEN
HOLTWICK
K5
84,9
FARWICK
Stadtforst
Haltern
K5
K5
AHLHAUS
Vogels-
heide
DREES
BÜNING
AS Haltern
70,0
58
Sport
Berg
Sankt Annaberg
Ennenberg
58
K22
L509
BERGBOSSENDORF
LEGENDE
Start/Ziel
Haltestelle
Parkmöglichkeit
Einkehrmöglichkeit
Schutzhütte
Archäolog. Stätte
Point of Interest
Wanderweg in Richtung
m
500
1.000

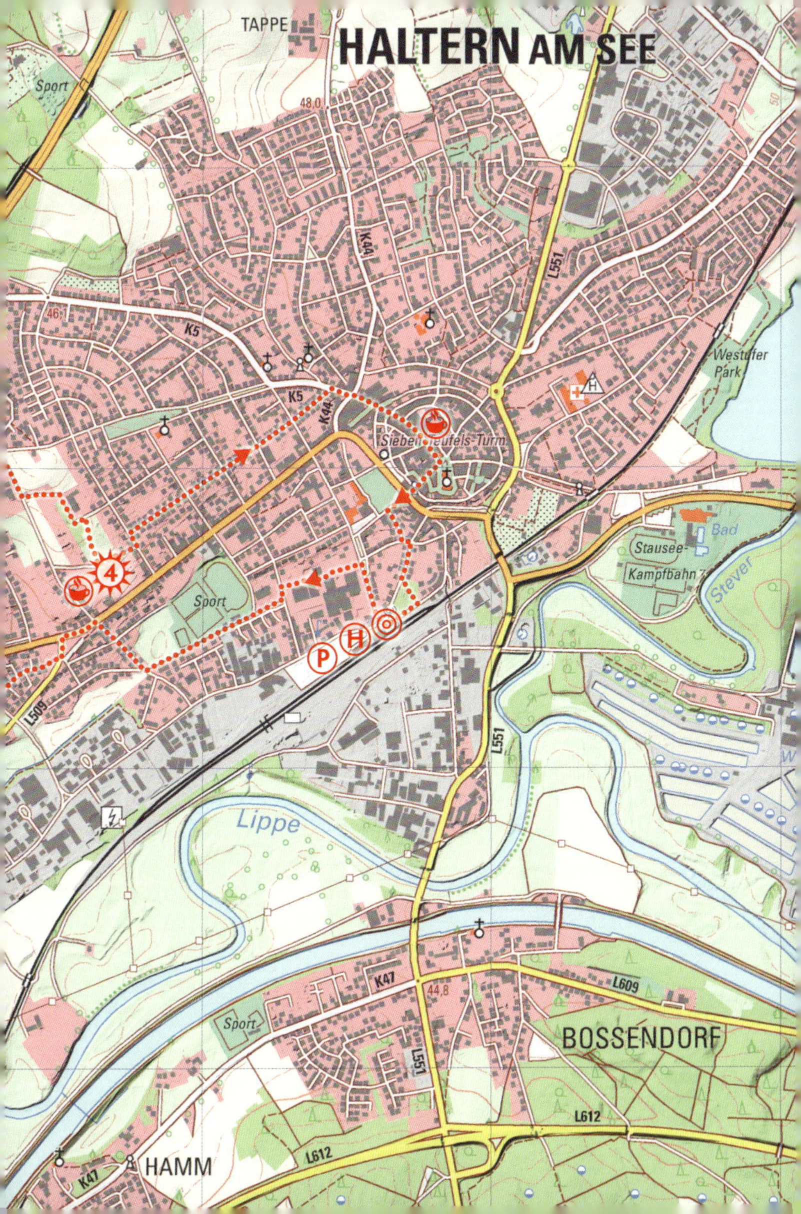

HALTERN AM SEE
TAPPE
Sport
48,0
K44
L551
46,1
K5
K5
K44
Westufer
Park
Siebenteufels-Turm
4
Sport
Bad
Stausee-
Kampfbahn
Stever
L509
L551
Lippe
K47
44,8
L609
Sport
BOSSENDORF
L551
L612
L612
HAMM
K47

Wanderung 8

Echt »kult«ig! Eine Grenzwanderung zur Hünenburg

Die Hünenburg bei Stadtlohn, Kr. Borken

Die frühmittelalterliche Wallburg im Bockwinkel auf Stadtlohner Gemeindegebiet ist das Ziel dieser wald- und wasserreichen Tour. Am Start- und Zielort Vreden erbrachten Ausgrabungen in der Stiftskirche St. Georg spannende Ergebnisse, die mit Lichttechnik veranschaulicht werden.

Informationen

Start/Ziel: Busbahnhof Vreden, »Ostendarper Straße« 8/»Viehmarktplatz«

Weglänge: 17,7 km

Reine Gehzeit: 4:15 h

Steigung: ↗/↘ 20 hm

Schwierigkeit: mittelschwere Wanderung ohne nennenswerte Steigungen; nur bedingt kinderwagengeeignet (Hünenburg problematisch, kann ab Findling rechts anfänglich über [Raute] umrundet werden)

Einkehrmöglichkeiten: verschiedene in Vreden

ÖPNV: Busbahnhof Vreden, »Ostendarper Straße« 8 (S 70 von Münster/Westf. Hbf.; R 61 von Coesfeld Bf.; 731 von Bocholt, 770 von Ahaus, 761 u. 762 von Stadtlohn)

Parkplätze: Parkplatz Viehmarkt, »Ostendarper Straße« 8

Markierte Wanderwege: [X 5], [Raute], [X 8], [X 9]

Wegbeschreibung

Ab dem Kreisverkehr am Busbahnhof folgen Wandernde dem Hauptwanderweg [X 5] aus der Stadt hinaus (**Ottensteiner Straße**). An einer Schutzhütte im Wald verlässt die Tour den [X 5] und folgt nach rechts der [**Raute**]. Diese stößt auf einen Asphaltweg, dem sie nach links folgt. An der nächsten Gabelung geht es nach rechts auf den [X 8], der über die Berkel und links am Hof Bockwinkel vorbei zu einer Kreuzung führt, auf der ein Findling auf die **Hünenburg** ① hinweist.

Hier geht es nach links und dann geradeaus quer durch den inneren Teil der Wallanlage. Nach ca. 170 m wenden Wandernde sich nach rechts und stehen am nördlichen Rand der Innenburg. Hier gehen sie den steilen Wall hinab und 20 m hinter dem Graben nach rechts einen Weg entlang, der zwischen den Wällen der Innen- und Außenburg entlang verläuft. Schließlich stoßen Wandernde wieder auf die Kreuzung mit dem Findling.

Von hier aus geht es dann zurück entlang der [**Raute**] und der Wanderwege [X 8] und [X 9] bis zu einer Gabelung hinter der Berkelbrücke. Nun folgt die Tour dem [X 9] nach links, am Berkelsee und dem ***kult*** ② vorbei sowie durch den Vredener Stadtpark mit **Bauernhausmuseum** ③.

Dort, wo der [X 9] auf dem Gelände nach links über eine Brücke führt, wenden Wandernde sich nach rechts, an der nächsten Gabelung nach links und wieder rechts über die Brücke und zwischen den beiden **Kirchen** ④ entlang. Dahinter geht es nach links zum Marktplatz, über diesen am Brunnen vorbei und auf der anderen Seite in die **Wüllener Straße**, die zurück zum Busbahnhof führt.

Hünenburg ①

Die Wallburg Hünenburg liegt auf einer Geländeerhebung im Winkel von Berkel im Norden und einem westlich in sie mündenden Bach. Sie besteht aus einer ca. 120 × 180 m (= 1,7 ha) großen Innenburg, die von einem Außenwall umgeben ist. Dieser umschließt ein Areal von 8,5 ha. Zusätzlich sperrt ein 150 m langer Wall das Gelände im Norden von der Berkel aus bis zur Nordostecke des Außenwalls.

Wandernde gelangen über den Hof Bockwinkel in den Bereich der Hünenburg. Der Hof überlagert den südwestlichen Teil des Außenwalls. An einer Kreuzung weist ein Findling mit Bronzetafel auf die Burganlage hin. Nach rechts führt ein Weg durch den stellenweise 2 m hoch erhaltenen Außenwall. Ursprünglich war diesem ein heute schwach wahrnehmbarer Graben vorgelagert.

Wandernde wenden sich am Findling nach links und stoßen auf die mächtigen Wälle der Innenburg, die bis zu 6 m über den außen begleitenden Graben hinausragen. Sie wird durch einen Einschnitt betreten, an dem die Wallenden nach Innen eingezogen sind. Hier befand sich das alte Tor, an dem 1950 die bisher einzige Ausgrabung stattfand. Es zeigte sich, dass es sich um einen mit Plaggen (= ausgestochene, durchwurzelte Stücke des Oberbodens) verstärkten Wall handelte. Zumindest beidseitig des Tores war er mit Holz verschalt. Drei Reihen von Pfostenspuren zeugen von einer hölzernen Torkonstruktion mit zwei separaten Durchfahrten. Die älteste Schicht war eine dunkle Kulturschicht mit Keramikscherben aus der Zeit 750–800 n. Chr. In diese hatten sich Fahrrillen eingegraben. Über der zunächst unbefestigten Durchfahrt wurde später ein Steinpflaster angelegt, zu dem auch die Pfostenspuren des Holztors gehören. Keramikfragmente aus der Innenburg datieren diese jüngste Bauphase in das 9./10. Jahrhundert.

Nach der Durchquerung der inneren Burg geht es im Norden den mächtigen Wall hinunter, der von Mountainbikes bereits stark in Mitleidenschaft gezogen ist.

Früherer und heutiger Zugang zur Innenburg

Hier wird gut erkennbar, dass das Laufniveau gegenüber dem Außengelände deutlich erhöht ist. Wahrscheinlich wurde eine Anhöhe geschickt ausgenutzt.

Für den äußeren Wall, der bei der Umrundung der Anlage auf der linken Seite zu sehen ist, fehlen direkte Anhaltspunkte für eine Datierung. Vermutlich gehört das große Außenwerk zur ältesten Kulturschicht und wurde demnach im 8. Jahrhundert etwa zur Zeit der Sachsenkriege (772–804) Karls des Großen errichtet. Ob die frühe, äußere Wallburg für Einheimische als Fluchtburg vor den Franken oder als strategischer Außenposten gegen die Franken diente, oder fränkischen Eroberern zur Sicherung des Territoriums, kann aufgrund der Quellenlage nicht entschieden werden.

Ebenso wirft die spätere Errichtung der Innenburg im 9./10. Jahrhundert Fragen auf: War es eine Befestigung des lokalen Adels, um seine Stellung zu sichern? Ist sie mit der Stiftsgründung in Vreden in Verbindung zu bringen? Oder handelte es sich um einen befestigten Hof im Besitz des Bischofs von Münster, der zu einem größeren Verband um den Hof Lohn (= Keimzelle des heutigen Stadtlohn) gehörte?

Eine dritte Nutzungsphase in der frühen Neuzeit ist in der Nordostecke der Anlage zu sehen, wo sich zwischen Außen- und Innenwall eine rundliche Erhöhung zeigt. Eine Karte von 1650 bildet hier einen Speicherbau ab, der wohl dem Hof Lohn zuzuweisen ist.

Die Vredener Stadtlandwehr ②

Dem [X 9] folgend, queren Wandernde nach der zweiten großen Hofanlage die Stadtlandwehr von Vreden. Die aus zwei Wällen und drei Gräben bestehende Verteidigungsanlage ist rechts vom Weg im Wald noch gut sichtbar. Sie entstand um

Die Landwehr im Luftbild

1380 auf Initiative der Stadt Vreden nach vermehrten gewaltsamen Auseinandersetzungen (= Fehden) mit dem Bistum Münster, das versuchte seinen Einfluss nach Westen auszudehnen. Sie umschloss in einem weiten Kreis fast das gesamte Stadtgebiet mit seinen ländlichen Besitzungen (s. Wanderungen 1, 2 und 11).

kult – Kultur und lebendige Tradition ③

Im 2017 eröffneten *kult* bilden Archiv, Bibliothek, Veranstaltungsräume und Ausstellung einen Begegnungsort. Das nicht

als klassisches Museum konzipierte Haus vermittelt die Geschichte des Westmünsterlandes unter dem Leitthema »Grenze«. Auch die archäologischen Ausstellungsobjekte sind in diesen Kontext eingebunden. So findet sich ein gut erhaltenes einschneidiges Hiebschwert (= Sax) (7./8. Jh.) aus Heiden im Bereich »Glaubensgrenzen« und gehört hier in den Zusammenhang der Sachsenkriege Karls des Großen. Aus dem Rheinland importierte Keramik des 8.–10. Jahrhunderts veranschaulicht den Grenzverkehr und -handel. Viele ansprechend präsentierte volkskundliche Objekte – z.B. ein Moorschuh für Pferde oder Versteckideen von Grenzschmugglern – runden das Bild ab.

Das 1. Obergeschoss stellt unter dem Schlagwort »Immunitätsgrenze« Fakten und Funde zum Damenstift Vreden vor. Ein Highlight ist die im 11. Jahrhundert aus einem Stoff des 7. Jahrhunderts gefertigte Sixtuskasel.

Die historischen Räumlichkeiten des Armenhauses dienen als Schaudepot und im benachbarten Raum lässt eine raumfüllende Bildtapete das 19. Jahrhundert erleben.

Bauernhausmuseum ④

Im Stadtpark von Vreden befindet sich das Bauernhausmuseum. Zwölf historische Gebäude (18.–20. Jh.) aus der Umgebung wurden hier seit 1967 originalgetreu wiederaufgebaut und bilden eine typische westmünsterländische Hofanlage. Dazu gehören als Haus eines reichen Bauern der historische Hof Früchting (1712), das Heuerlingshaus (1749) als Haus eines für den Bauern arbeitenden Kötters sowie eine funktionstüchtige Wassermühle (1811), eine in einem Schafstall (1752) eingerichtete Schmiede und weitere Nebengebäude. Unterhalten wird die Anlage von der Bürgerstiftung Vreden.

Stiftsbezirk Vreden ⑤

Erhöht über der Berkel liegt Vredens Innenstadt. Von Westen betreten Wandernde über den Stadtgraben hinweg den Bezirk des vor 839 gegründeten Damenstifts. Hier stehen zwei Kirchen in unmittelbarer Nachbarschaft: die Stiftskirche St. Felicitas auf der rechten und die Pfarrkirche St. Georg auf der linken Seite. Beide wurden bei einem Bombenangriff 1945 schwer getroffen, St. Georg so gravierend, dass die spätgotische Hallenkirche aus dem 15. Jahrhundert durch einen Neubau ersetzt wurde. Im Zuge der Aufräumarbeiten fanden 1949–51 Ausgrabungen statt, die im Zusammenspiel mit jüngeren Auswertungen zeigten, dass das heutige Gotteshaus sechs Vorgänger hatte, die in 13 Bauphasen entstanden. Überraschend war, dass sich hier die ursprüngliche Stiftskirche befand. Der älteste Bau an dieser Stelle wurde um 820/30, also in karolingischer Zeit errichtet. Aufwendige Lichtinstallationen und anschauliche Rekonstruktionszeichnungen in der Krypta

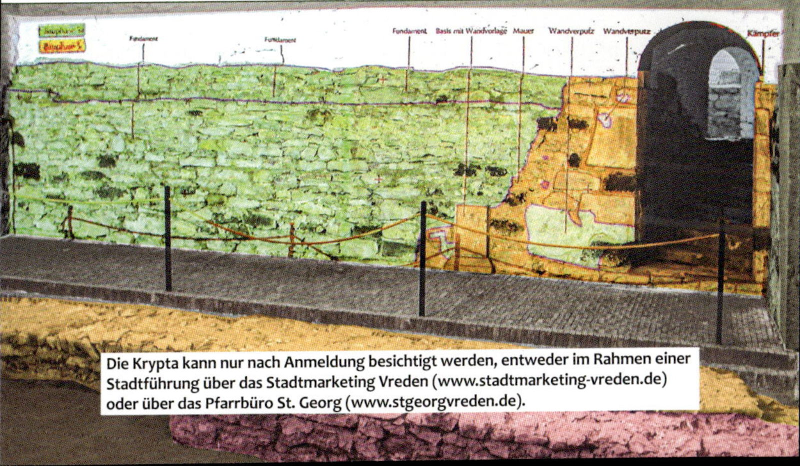

Krypta St. Felicitas

Die Krypta kann nur nach Anmeldung besichtigt werden, entweder im Rahmen einer Stadtführung über das Stadtmarketing Vreden (www.stadtmarketing-vreden.de) oder über das Pfarrbüro St. Georg (www.stgeorgvreden.de).

helfen heutigen Besucher*innen das von den Archäolog*innen entschlüsselte Mauerpuzzle nachzuvollziehen und nach Farben sortiert den jeweiligen Bauphasen zuzuordnen.

In St. Felicitas fanden keine Ausgrabungen statt. Es existieren Reste eines nicht näher datierten Frühbaus, in den in der ersten Hälfte des 11. Jahrhunderts eine Krypta eingefügt wurde. Dies geschah vermutlich, nachdem ein Brand die Georgskirche um 1020 zerstört hatte und die Stiftsdamen in die benachbarte Kirche umzogen. Ein erneuter Brand traf diesmal die Felicitaskirche, die daraufhin 1085 neu gebaut wurde. Sie erfuhr im Laufe der Zeit einige Erweiterungen und Modernisierungen, der romanische Bau des 11./12. Jahrhunderts blieb aber im Kern bestehen. Er ist durchgehend oder spätestens ab dem 12. Jahrhundert erneut als Stiftskirche genutzt worden, parallel dazu wurde St. Georg zur Pfarrkirche Vredens.

Exkurs: Was ist eigentlich ein Damenstift?

Ein Damenstift ist eine religiöse Lebensgemeinschaft von Frauen, dessen Vermögen auf einer Stiftung beruht. Früher umfassten diese in der Regel den Grund, auf dem die Stiftskirche und Wohnhäuser (= Stiftsbereich = Immunität) standen, sowie Ländereien, von deren Erträgen die Frauen lebten. In den meisten Fällen war der Stifter ein wohlhabender Adeliger, der eine unverheiratete Tochter gut untergebracht wissen wollte und diese dann als Äbtissin (= Vorsteherin) einsetzte. Im Unterschied zu Nonnen im Kloster legten Stiftsdamen nur die Gelübde der Keuschheit und des Gehorsams gegenüber der Vorsteherin ab, durften Eigentum besitzen und lebten meist in eigenen Wohneinheiten (= Kurien) mit Bediensteten. Sie führten zwar ein zurückgezogenes und frommes Leben, waren aber keiner strengen Ordensregel unterworfen und trugen keine Ordenstracht. Die Gemeinschaft bestand vor allem im gemeinsamen Gebet und dem Chordienst in der Stiftskirche. Bei den Frauen handelte sich um Adelige, die das Stift jederzeit wieder verlassen konnten, z. B. um zu heiraten. Auch wenn die Quellen für das Stift Vreden erst im 13. Jahrhundert Klarheit schaffen, gehörte es wohl zur Urform eines Damenstifts. An vielen anderen Orten wurden zunächst Frauenklöster gegründet und später in sogenannte freiweltliche Damenstifte umgewandelt.

Literatur- und Kartentipps

- Christiane Ruhmann, Die Hünenburg bei Stadtlohn, Kreis Borken. Frühe Burgen in Westfalen 23, hg. von der Altertumskommission für Westfalen. Münster 2004.
- Volker Tschuschke, Die Landwehr von Vreden, Kreis Borken. Landwehren in Westfalen 4, hg. von der Altertumskommission für Westfalen. Münster 2018.
- Stephan Winkler, St. Georg, Vreden, Kr. Borken. In: Heinz-Günter Horn (Hrsg.), Theiss Archäologieführer Westfalen-Lippe. Stuttgart 2008, 194–195.
- Broschüren vom Westfälischen Heimatbund zum Verbindungswanderweg [Raute 6] sowie zu den Hauptwanderwegen [X 5] und [X 9] unter: www.whb.nrw/de/wanderwege/karten-und-buecher/wanderbroschueren/

Mit diesem Schreibgriffel aus Buntmetall aus einer der tiefsten Schichten der Georgskirche wurde im 9./10. Jahrhundert in wachsbeschichtete Holztäfelchen geschrieben. Mit der Spitze wurden die Zeichen eingeritzt, mit dem anderen Ende das Wachs wieder geglättet, um erneut benutzt zu werden. Eine Replik des Griffels befindet sich in der Dauerausstellung des *kult* ③.

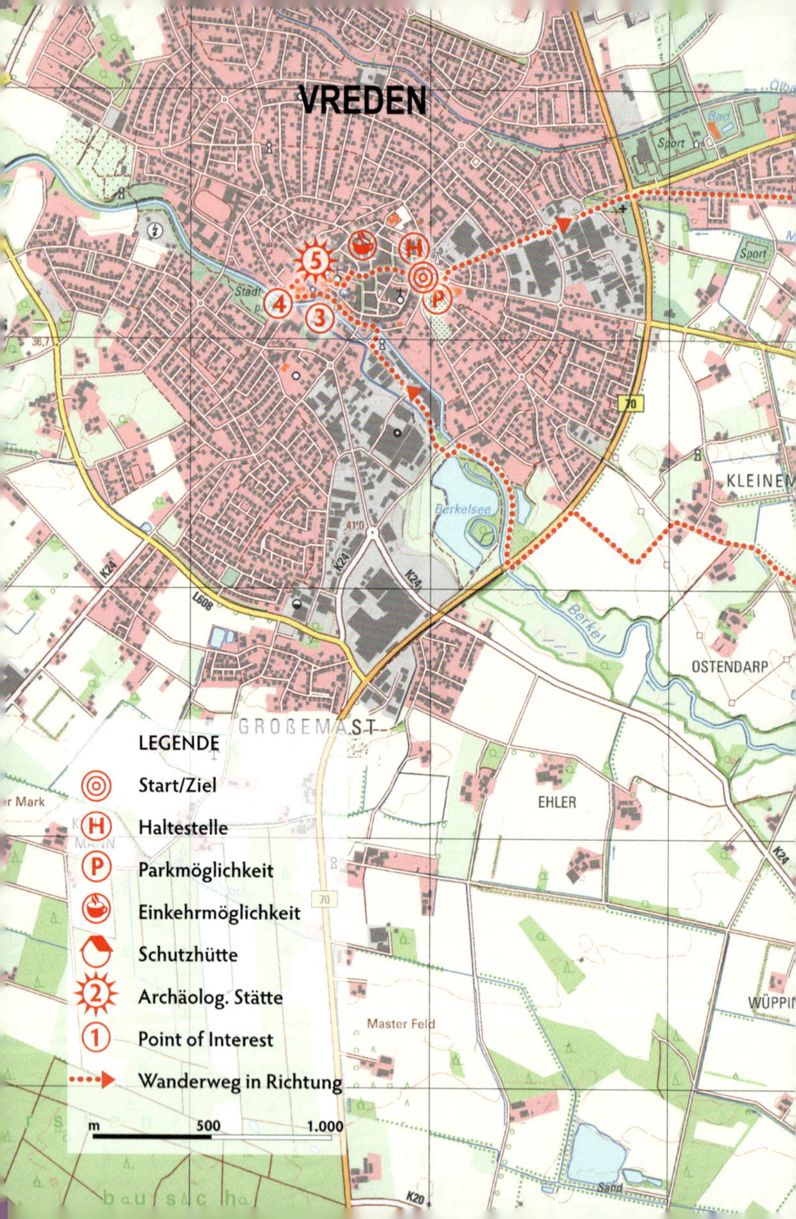

VREDEN
Sport
Bad
Sport
Stadt park
5
4
3
H
P
70
KLEINEN
Berkelsee
41,0
36,7
K24
K24
K24
L608
Berkel
OSTENDARP
GROßEMAST
EHLER
r Mark
Master Feld
WÜPPI
Sand
K20
K24
70
LEGENDE
Start/Ziel
Haltestelle
Parkmöglichkeit
Einkehrmöglichkeit
Schutzhütte
Archäolog. Stätte
Point of Interest
Wanderweg in Richtung
m
500
1.000

Sport
K63
L560
Fürstenbusch
Moorbach
608
Vredener Feld
48,1
L608
Sport
50
2
HILBING
BÜGERS
KLEVERTH
49,6
GÄWERS
RIETFORT
KÖTTING
orinks Hook
GARTH
Berkel
K24
H E N G
1
BOCKWINKEL
THEßELING
47,4

Wanderung 9

Wohnen wie die alten Sachsen

Das Freilichtmuseum »Sachsenhof« in Greven-Pentrup, Kr. Steinfurt

Auf dieser Tour begeben Wandernde sich auf die Spuren der Menschen des frühen Mittelalters. Das ehrenamtlich vom Heimatverein Greven betriebene Freilichtmuseum Sachsenhof eignet sich hervorragend für einen Einblick in das damalige Wohnen und Wirtschaften. Der daran vorbeiführende Rundweg zeigt eine vor allem von der Ems geprägte Auenlandschaft.

Informationen

Start/Ziel: Bahnhof Greven

Weglänge: 14,5 km

Reine Gehzeit: 3:30 h

Steigung: ↗ 22 m, ↘ 24 m

Schwierigkeit: leichte Wanderung ohne nennenswerte Steigungen, kinderwagengeeignet (Sandwege).

Einkehrmöglichkeiten: verschiedene in Greven

ÖPNV: Bahnhof Greven

Parkplätze: kostenloses Parkhaus am Bahnhof, »Biederlackstraße« 7

Markierte Wanderwege: [E], [X 20], Radwanderweg [Emsauenweg]

Wegbeschreibung

Vom Bahnhof aus dem Fuß- und Radweg Richtung Innenstadt folgen. Der Weg führt über die Emsbrücke, dahinter geht es links über die Emspromenade. Ab hier folgen Wandernde dem weißen [E] des Wanderweges Emsweg, der an der nächsten Brücke rechts Richtung Innenstadt führt. Die große Kreuzung wird geradeaus überquert, dann geht es die zweite links in die **Friedrich-Ebert-Straße**. Der Wanderweg biegt schließlich links in die **Josefstraße** ein und folgt an deren Ende einem Fuß- und Radweg nach halbrechts am Friedhof entlang, an diesem vorbei und schließlich nach rechts bis an einer T-Kreuzung **Am Diekpohl** erreicht wird.

Hier verlassen Wandernde den Emsweg und folgen dem Radweg Emsauenweg nach links in **Am Diekpohl**, bis es hinter der Straßenunterführung direkt rechts in die **Wentruper Berge** ① geht. Der **[Emsauenweg]** ist nun Begleiter, vorbei geht es an dessen Stationen 11 und 12, dann nach rechts und – anders als der Radweg – sofort die nächste links. Es wird ein Asphaltweg erreicht **(Am Wasserwerk)** und ihm nach links gefolgt. Hierbei handelt es sich wieder um den [E] sowie den [**Emsauenweg**]. Am Wasserwerk führt der Weg halbrechts um die Kurve und schließlich über eine Brücke über die B 481. An der T-Kreuzung geht es nach links an Höfen und einer Emsschleife vorbei. Hier fließt der **Menningbäumer Bach** ② in die Ems. Der **Winkelhoek** führt nach links um die Kurve und schon liegt auf der linken Seite der **»Sachsenhof«** ③.

Hinter dem Freilichtmuseum geht es nach rechts und kurz darauf wird die Hauptstraße überquert und es geht geradeaus weiter. Ab hier folgt der Wanderweg dem weißen X des Hauptwanderwegs [**X 20**]. An einer T-Kreuzung verlassen Wandernde den [**X 20**] und biegen rechts ab in die Bauerschaft **Wentrup**. Am Ende der Birkenallee folgen Wandernde an einer Pferdekoppel dem Weg nach links und biegen dann die nächste rechts ab. Nach der Überquerung des Menningbäumer Baches führt der Weg nach links und trifft auf die große Straße (K 9), der er nach links folgt. Die stärker befahrene Straße hat einen abgetrennten Rad- und Fußweg. Über die große Kreuzung mit der B 481 geht es geradeaus weiter und links in die **Pauline-Bünhove-Straße.** Von dort folgt der Weg direkt wieder rechts einem Fuß- und Radweg entlang eines Baches bis es nicht mehr weitergeht.

Dort gehen Wandernde nach rechts und im Kreisverkehr wieder rechts. Nach einem kurzen Stück folgt der Weg nach links der **Eschstraße** und dieser immer geradeaus bis ganz zum Ende. Hier geht es nach links und sofort wieder rechts auf die **Königstraße.** Am großen Kreisverkehr geht es noch ein kleines Stück weiter geradeaus und dann rechts in die Einkaufstraße hinauf. An dem größeren Platz mit Brunnen wenden Wandernde sich nach links und gehen auf der rechten Seite an der Martinus-Kirche vorbei. Am Ende der Kirchmauer geht es nach rechts in die **Martinistraße.** Dieser folgen, bis wieder ein Platz kommt, hier links halten und am Ende am Café Niederort rechts der **Martinistraße** weiter folgen. Diese stößt auf die **Nordwalder Straße**, der Wandernde nach links und über die große Kreuzung geradeaus auf die Emsbrücke zu folgen. Vor der Überquerung der Ems geht es nach links auf die **Emspromenade** und dann wieder rechts über die Fußgängerbrücke zum Bahnhof von Greven.

NSG Wentruper Berge ①

Das Naturschutzgebiet Wentruper Berge zeigt das typische Erscheinungsbild der ursprünglichen Emsaue. Flugsande haben sich hier abgelagert und bilden eine Binnendünenlandschaft mit Höhenunterschieden von bis zu 20 m. Die Stadt Greven hat einen Naturlernpfad eingerichtet, dessen Stationen zum Teil am hier beschriebenen Wanderweg liegen. An Station 11 fallen mitten in der hügeligen Umgebung zwei geradlinig quer über den Weg führende Wälle auf. Diese gehören sehr wahrscheinlich zur Südostecke einer landwirtschaftlichen Abgrenzung. Der rechteckig eingefasste Bereich ist im digitalen Geländemodell (s. Exkurs Wanderung 4) noch gut zu erkennen.

Ausgrabung in Greven-Wentrup

Greven-Wentrup ②

Dort, wo der Menningbäumer Bach in die Ems mündet (Emsauenweg Station 46), befand sich in den 1980er-Jahren südlich des Baches auf einer erhöhten Flussterrasse ein Sandabbaugebiet. Archäolog*innen entdeckten neben einigen jungsteinzeitlichen Lesefunden (= einzeln von der Bodenoberfläche aufgelesene Artefakte ohne sichtbaren Zusammenhang zu einer archäologischen Fundstelle) auch ein bäuerliches Gehöft aus der Zeit um Christi Geburt. Im 7. Jahrhundert n. Chr. besiedelten erneut Menschen dieses Areal. Es entstanden bis zu fünf gleichzeitige Hofstellen, die im 10. Jahrhundert verlassen wurden. Die hochwassergeschützte Lage mit dennoch einfacher Trink- und Nutzwasserversorgung bildete attraktives Bauland, das im Laufe der Geschichte gerne aufgesucht wurde.

Der »Sachsenhof« ③

Das vom Heimatverein Greven betriebene, 1987 entstandene Freilichtmuseum »Sachsenhof« zeigt die Rekonstruktion einer in Nordwestdeutschland und den Niederlanden typischen Hofanlage des frühen Mittelalters (8.–9. Jh.). Sie basiert auf Ausgrabungsergebnissen entsprechender Siedlungsstellen aus Münster-Gittrup. Das 18 m lange Haupthaus (130 m² Innenraum) war ein sogenanntes Wohn-Stall-Haus, in dem Mensch und Vieh unter einem Dach lebten. Charakteristisch für Häuser dieser Zeit sind die zur Mitte hin nach außen geschwungenen Längswände, die einen schiffsförmigen Grundriss ergeben, sowie die doppelte Außenpfostenreihe, auf welcher die Dachlast liegt, wodurch im Innern ein großer Raum ohne weitere Stützpfosten zur Verfügung stand. Bei den Ausgrabungen ließen sich die dunklen Spuren der verrotteten Holzpfosten im Sandboden gut erkennen. Auch die Herdstelle und kleinere Wände, die den Wohn- und den Stallteil sowie die Viehboxen voneinander trennten, haben Verfärbungen hinterlassen. Der Eingang befand sich an der Mitte der Längsseite.

Die Bewohner*innen solcher Hofanlagen versorgten sich überwiegend selbst, daher gab es auch immer eine Reihe von Nebengebäuden. Einige typische Wirtschaftsbauten wurden im Freilichtmuseum ebenfalls rekonstruiert: eine Scheune, ein Grubenhaus und ein Rutenberg (= überdachter, an den Seiten offener Bau zum Lagern von Getreide, Stroh oder Heu). Grubenhäuser waren etwa 8–10 m² groß, ca. 1 m tief in den Boden eingegraben und dienten oft als Handwerksräume. Die vielen tönernen Webgewichte und Spinnwirtel, die in solchen Räumen gefunden wurden, zeigen, dass hier vor allem Textilherstellung stattfand – vermutlich wegen des vorteilhaften, konstantfeuchten Raumklimas, das die Arbeit mit den bevorzugt genutzten Flachsfasern erleichterte.

Das Ensemble des »Sachsenhofes« wurde im Laufe der Zeit um einen Backofen, einen Töpferofen und einen Bienenstock erweitert. In einem liebevoll gestalteten Garten gedeihen Pflanzen, die bereits im Frühmittelalter zum Essen, Würzen, Heilen und Färben genutzt wurden. Der das Gelände umgebende Zaun ist ebenfalls typisch. Spektakulär waren die Versuche, auf experimentellem Wege in sogenannten Rennfeueröfen etwas über die frühmittelalterliche Eisengewinnung zu lernen.

Das Gelände ist jederzeit frei zugänglich, es lohnt sich allerdings, eine Führung beim Stadtmarketing Greven zu buchen (www.greven-marketing.de).

Rutenberg auf dem Sachsenhof

Exkurs: Dendrochronologie

Die Dendrochronologie ist in der Archäologie eine wichtige Methode, um das Alter von Hölzern und damit von den aus ihnen errichteten Konstruktionen zu bestimmen. An Station 12 des Naturlernpfads in den Wentruper Bergen wird die Jahrringbestimmung bzw. Dendrochronologie veranschaulicht.

Der Stamm eines Baumes wird jedes Jahr etwas breiter und bildet einen Wachstumsring aus, der jeweils aus einem helleren (Frühholz) und einem dunkleren Teil (Spätholz) besteht. Faktoren wie Nährstoffzufuhr und Witterung bestimmen die Breite jedes Ringes. Wie bei dem aufgestellten Stamm können die Jahrringe gezählt und damit das Alter des Baumes bestimmt werden (hier: ca. 130 Jahre). Bei dem vorliegenden Beispiel ist das relativ einfach, da bekannt ist, wann er gefällt wurde. Dies ist bei einem Balken z. B. aus einem mittelalterlichen Brunnen nicht der Fall. Hier werden die Jahrringe mit anderen Baumscheiben verglichen, deren Alter bereits bekannt ist, bis die Abstände genau übereinander passen. Denn die Breite eines Jahrrings ist bei allen Bäumen derselben Baumart und innerhalb derselben Klimazone gleich. Heute geschieht dieser Abgleich natürlich am Computer. Je größer die Datenbank wird, desto sicherer lässt sich die Methode anwenden. Derzeit ist es möglich, bis zu 14.000 Jahre altes Eichenholz zu datieren. Das Jahr des letzten, an der Rinde befindlichen Jahrrings (= Waldkante) ist das Datum, an dem der Baum gefällt wurde. Ist dieser Ring nicht vorhanden, lässt sich immerhin noch ein ungefähres Alter bestimmen. Weist das zu datierende Objekt Trockenrisse auf, wurde das Holz nach dem Fällen noch gelagert, andernfalls wurde es frisch verbaut.

Literatur- und Kartentipps

Landschaftsverband Westfalen-Lippe (Hrsg.), Radwanderführer EmsAuenWeg. Kulturhistorischer Führer von Warendorf bis Rheine entlang der Ems mit 78 Stationen auf 115 km. Steinfurt 2004.

Dieser 5000 Jahre alte Angelhaken aus Knochen ist 7 cm lang und wurde in der Emsaue bei Greven-Bockholt gefunden. Er stellt den ältesten Nachweis für Fischfang mit einer Angel in Westfalen dar.

HERBERN
MERSMANN
BROCKMANN
GERBERT
Olden Esch
Ems
Berg
Dümmel
WESTHOFF
Gronenburg
K2
K53
481
587
L555
L529
41,0
39,8
48,5
Sport
LEGENDE
Start/Ziel
Haltestelle
Parkmöglichkeit
Einkehrmöglichkeit
Schutzhütte
Archäolog. Stätte
Point of Interest
Wanderweg in Richtung
m
500
1.000

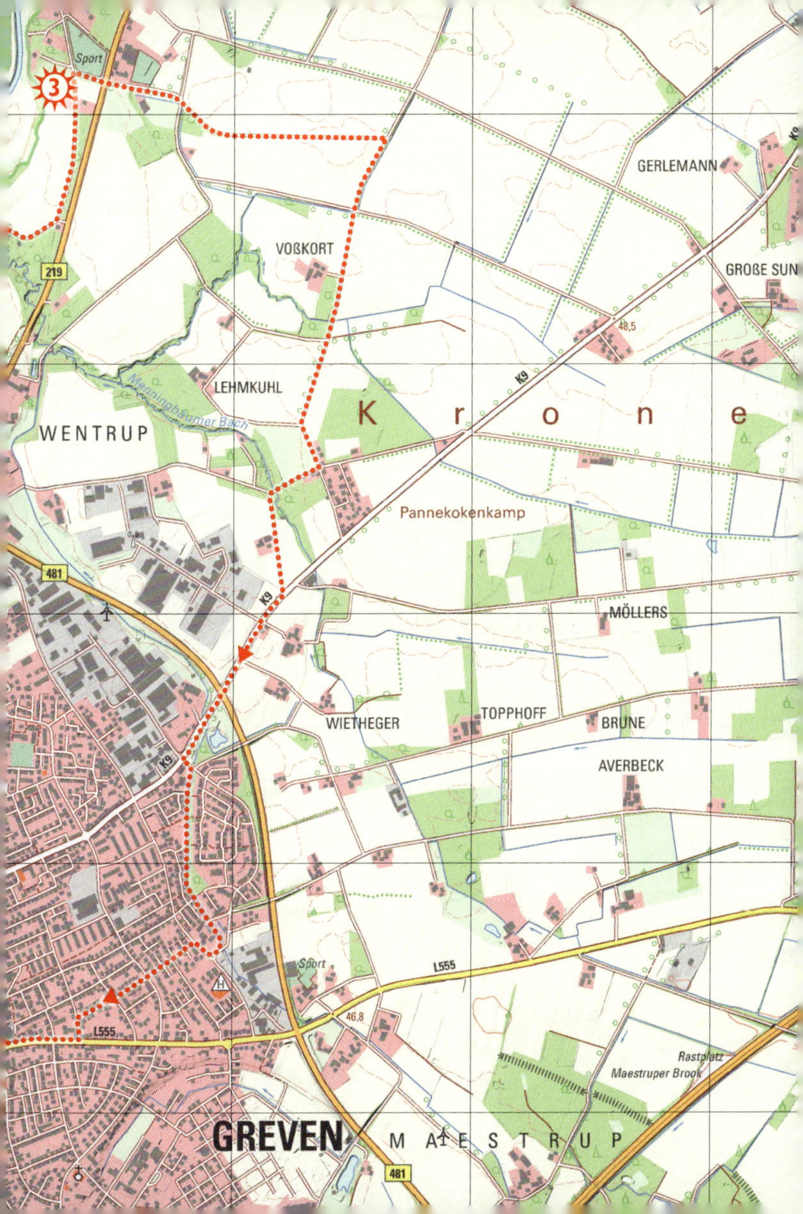

Sport
3
219
VOẞKORT
GERLEMANN
GROẞE SUN
48,5
K9
LEHMKUHL
Menningbäumer Bach
WENTRUP
K r o n e
Pannekokenkamp
481
MÖLLERS
WIETHEGER
TOPPHOFF
BRUNE
AVERBECK
K9
Sport
L555
46,8
L555
Rastplatz
Maestruper Brook
GREVEN
M A E S T R U P
481

Wanderung 10

Teuflisch megalithisch!

Die Düwelsteene in Heiden, Kr. Borken

Eine waldreiche Tour durch den Naturpark Hohe Mark Westmünsterland erwartet alle, die sich auf den Weg rund um die sagenumwobenen Teufelssteine machen. Hat wirklich der Teufel die Steine aus seinem Sack purzeln lassen oder verbirgt sich hinter den Düwelsteenen doch »nur« eine steinzeitliche Grabstätte, deren Errichtung kolossale Kräfte erfordert hat?

Informationen

Start/Ziel: Rathausplatz Heiden

Weglänge: 13,1 km

Reine Gehzeit: 3:15 h

Steigung: ↗/↘ 44 m

Schwierigkeit: leichte Wanderung mit wenigen kleineren Steigungen; kinderwagengeeignet (Sandwege).

Einkehrmöglichkeiten: verschiedene in Heiden

ÖPNV: Bushaltestelle »Alter Kirchplatz«, vom Bahnhof Marbeck-Heiden: Bus 9; von Bahnhof Borken: Bus R74; vom Bahnhof Reken: Bus 713

Parkplätze: Am Wochenende rund um die Kirche mehrere Parkplätze, an Wochentagen in den Seitenstraßen, Parkplatz Düwelsteene (»Rekener Straße« 32) oder »Am Sportzentrum«

Markierte Wanderwege: [X 3], [X 9]

Wegbeschreibung

Vom **Rathausplatz** ① rechts an der Bücherei vorbei und links in die **Sachsenstraße**. In der Kurve geradeaus dem Kiesweg folgen bis fast zur **Velener Straße**, dann rechts in den **Kreuzweg**. Von diesem aus geht es nach einiger Zeit links in die **Steinstraße**, die zum Ring führt.

Dieser wird überquert und nach rechts dem Seitenweg gefolgt, bis es nach links in den **Deel** weitergeht. Dieser Weg führt bis in die Häuseransammlung der Bauerschaft Nordick, wo die Tour rechts in den **Waterberg** abzweigt. Diesem folgen Wandernde immer geradeaus, bis nach dem **Uhlenweg** rechts der **Düwelsteensweg** abbiegt (nach links heißt er **Venneweg**).

Ab hier führen der [X 9] und nach der Überquerung des **Hünenweg** der [X 3] am Großsteingrab **Düwelsteene** ② vorbei bis zurück nach Heiden. Erst dort, wo der **Kreuzweg** auf die **Velener Straße** trifft, biegen Wandernde nach links in den **Sachsenweg** und wieder rechts zum **Rathausplatz** ab.

Rathausplatz ①

Das heutige Zentrum des auf das Jahr 870 zurückgehenden Ortes Heiden wurde in den 1970er-Jahren modern gestaltet. Die Kirche ersetzt ein älteres, wohl bereits vor 1209 gegründetes Gotteshaus, das sich 200 m weiter westlich befand. Die Überreste wurden archäologisch untersucht, bevor dort ein Ärztehaus entstand. Es handelte sich um einen romanischen Bau mit mehreren Nachfolgebauten sowie einen umgebenden Friedhof.

Auf dem Rathausplatz steht außerdem die Bronzestatue eines Jungen, der einen Wanderstab in der Hand hält und ein Bündel alter Schuhe geschultert hat, während weitere verbeulte Schuhe hinter ihm auf dem Boden liegen. Die Figur erinnert an die alte Sage vom Teufel und dem Schusterjungen, die mit den Düwelsteenen zusammenhängt:

Der Teufel traf beladen mit einem Sack großer und schwerer Steine, mit denen er den Dom in Aachen zerschmettern wollte, in der Nähe von Heiden auf einen Schusterjungen. Dieser trug mehrere Paar kaputte Schuhe bei sich. Der Teufel fragte, ob es noch weit bis Aachen sei. Der aufgeweckte Junge hatte ihn an seinem Pferdefuß erkannt und reagierte auf pfiffige Art. Er erklärte, dass er gerade aus der weit entfernten Domstadt komme und er alle Schuhe, die er bei sich trage, auf dem Weg zerschlissen habe. Der Teufel, der vom Tragen der Steine bereits müde geworden war, verlor daraufhin die Lust seinen Plan auszuführen. Er schüttete wütend den Sack mit den riesigen Steinen aus und ging seiner Wege. So sollen die Düwelsteene entstanden sein.

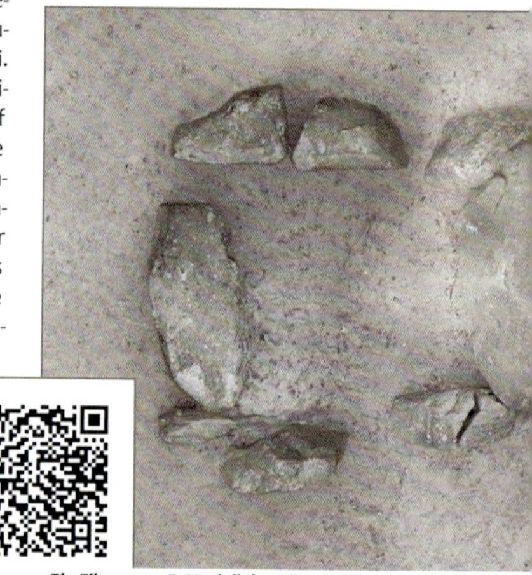

Ein Film vom 3D-Modell der Düwelsteene im heutigen Zusta

Düwelsteene ②

Großsteingräber (auch Hünengräber oder in der Fachsprache Megalithgräber genannt) sind eindrucksvolle Zeugnisse des Bestattungskults der Jungsteinzeit und wurden vor etwa 5500 Jahren errichtet. In ihnen wurden über einen langen Zeitraum oft Hunderte von Verstorbenen aufwändig bestattet. Die Düwelsteene (= Teufelssteine) in Heiden gehören zu den am besten erhaltenen Exemplaren des Münsterlandes. Ihr heutiger Zustand geht auf eine Maßnahme des örtlichen Heimatvereins im Jahr 1932 zurück. Zu diesem Zeitpunkt waren bereits einige Findlinge als Baumaterial fortgeschafft worden. Der Verein versuchte ohne Hilfestellung der Fachleute das Grab wieder instand zu setzen, daher ist die ursprüngliche Anordnung der verbliebenen Steine heute unbekannt. Derzeit wird mit modernen Methoden versucht, den Urzustand anhand von vor 1932 aufgenommenen Fotos digital als 3D-Modell zu rekonstruieren.

Die Grabkammer der Düwelsteene war im Inneren 10 m lang, rd. 2 m breit und 1,5 m hoch. Ursprünglich war der Boden mit Steinen gepflastert, während die aus eingegrabenen Findlingen bestehenden Wände in den Lücken mit feinem Trockenmauerwerk aus Bruchsteinen ausgefüllt wurden, sodass von der aufliegenden Hügelschüttung keine Erde eindringen konnte. Die früheste bekannte Beschreibung der Düwelsteene von Jodokus Herman Nünning (s. Exkurs) belegt, dass im 18. Jahrhundert noch der Grabhügel und auch eine Art Eingang existierten. Ursprünglich waren alle Großsteingräber von einem heute nicht mehr erhaltenen Hügel überdeckt, sodass die Monumentalität des Innenbaus von den Zeitgenoss*innen nicht im selben Maße wahrgenommen werden konnte wie von heutigen Besucher*innen. Der Hügel war außen von einem Steinkranz umgeben und hatte einen Zugang, damit im Laufe der Zeit weitere Verstorbene in der Grabkammer bestattet werden konnten. Manchmal musste offenbar erst Platz dafür ge-

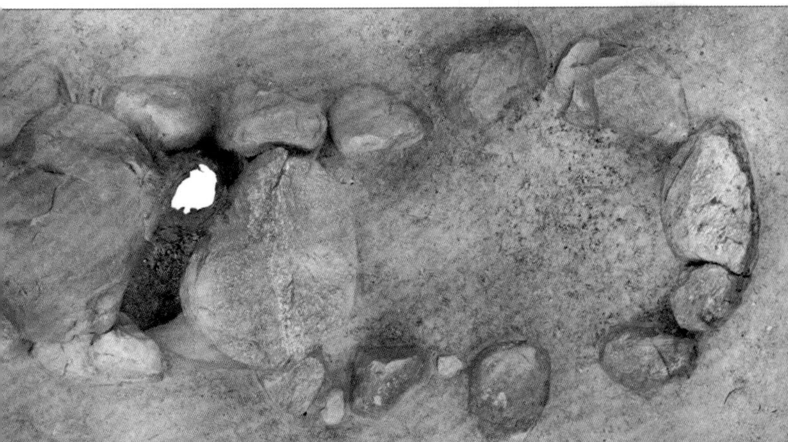

r abgerufen werden: https://www.altertumskommission.lwl.org/de/forschung/megalithik/die-duwelsteene-bei-heiden/

schaffen werden, weshalb bei einigen Ausgrabungen ein in Teilen unzusammenhängender Wirrwarr an Knochen und Keramikscherben zum Vorschein kam. Der Eingang zu den Düwelsteenen ist wegen der modernen Veränderungen nicht mehr erhalten, er wird aber an einer der Längsseiten gelegen haben.

Mit 1,5 m Höhe war die Grabkammer nicht bequem begehbar, sodass Begräbniszeremonien draußen stattgefunden haben dürften. Einen Hinweis darauf bilden zwei Gruben mit zerschlagenen Gefäßen direkt am Fuß des ehemaligen Hügels.

Die Teufelssteine sind ein typisches Ganggrab der sogenannten Trichterbecherkultur (3500–2800 v. Chr.). Menschen, die in einem erreichbaren Umkreis lebten und deren Lebensweise sich im archäologischen Fundgut ähnelte (Bauweise der Häuser, Bestattungsart, Kleidung, Schmuck, Haushaltsausstattung, Ernährung u. v. m.), werden einem gemeinsamen Kulturkreis zugeordnet. Diese bekommen von Archäolog*innen einprägsame Kunstnamen. Die Trichterbecherkultur erhielt ihren Namen von den typischen Keramikgefäßen mit trichterförmigen Rändern, die an fast allen Fundorten vorkommen. Auch an den Düwelsteenen wurden Scherben solcher Gefäße gefunden. Das wenige in den 1920er-Jahren – aus heutiger Sicht unsachgemäß – geborgene Knochenmaterial aus dem Grab lässt nur lückenhafte Aussagen zu. Ungewöhnlich ist, dass die Verstorbenen hier verbrannt bestattet wurden, üblicher ist in Megalithgräbern die Körperbestattung. Zu weiteren Funden gehören verschiedene Feuersteingeräte und vermutlich als

Die Düwelsteene in den 1920er-Jahren

Schmuck getragene Kupferröllchen, die als Vorboten der nahenden Metallzeiten zu sehen sind.

Für den Bau dieser Gräber war ein umfangreiches technisches Wissen und viel »Manpower« notwendig, denn die tonnenschweren Steine mussten transportiert, aufgerichtet und aufeinandergelegt werden. Archäologische Experimente haben gezeigt, dass diese Herausforderung mit auf runden Holzstämmen wie auf Rollen gleitenden Lastschlitten und vielen Helfenden gemeistert werden konnte.

Exkurs: Große Steine, Hünen und Hunnen – Zur frühen Deutung der Megalithgräber

Wie die meisten Großsteingräber waren die Düwelsteene aufgrund ihrer Monumentalität für alle nachfolgenden Generationen sichtbar und haben sicherlich – seit ihre ursprüngliche Funktion in Vergessenheit geraten war – zu Spekulationen angeregt. Überliefert sind solche Erklärungen zur Entstehung und Nutzung der jungsteinzeitlichen Grabanlagen seit dem 17. Jahrhundert, etwa von dem Theologen, Mediziner und Geschichtsschreiber Johan Picardt (*1600, †1670). Er vertrat die lange Zeit vorherrschende Meinung, dass die riesigen Steine nicht von Menschenhand bewegt worden sein können und schrieb ihre Erbauung Riesen bzw. Hünen zu. Daher heißen sie noch heute im Volksmund »Hünengräber«. Weitere frühe Theorien erklärten solche Megalithbauten beispielsweise als Grenz- oder Meilensteine oder als Opferaltäre. Für die Düwelsteene existiert zudem die Sage, der Teufel habe die Steine hierher getragen und ausgestreut (s. ①).

Einer der ersten, der diesen Theorien öffentlich vehement widersprach und die Deutung der Anlagen als Grabmonumente der Vorfahren aufbrachte, war der Schulmeister des Stiftes in Vreden (s. Wanderung 8), Jodokus Herman Nünning (*1675, †1753). Er führte an den Düwelsteenen eigenhändig Ausgrabungen durch und berichtete (s. Bild S. 126 oben). Für seine Zeit hat Nünning bereits sehr gewissenhaft geforscht, obwohl sein Vorgehen bei weitem nicht die heutigen Standards der Archäologie erfüllt. Er fand Tonscherben und Asche mit menschlichen Überresten unter den Findlingen und schloss so auf ein Grab. Zudem konnte er sich durchaus vorstellen, dass

Menschen diese Steine mit großer (gemeinsamer) Kraftanstrengung aufrichten konnten, wenn auch aus einem aus heutiger Sicht kuriosen Grund: Die Menschen seien im Laufe der Zeit immer kleiner und schwächer geworden, sodass die Vorfahren den Menschen des 18. Jahrhunderts an Statur und Körperkraft weit überlegen waren.

Die Düwelsteene auf einer Abbildung von J. H. Nünning (1713)

Die Dimension einer Zeit Tausende von Jahren vor Christi Geburt konnte Nünning jedoch nicht erfassen. Er sah zwar, dass hier keine Ähnlichkeiten zu ihm bekannten römerzeitlichen Bestattungssitten vorlagen – ein Zusammenhang, den er bei vielen von ihm untersuchten Urnengräbern irrtümlich zu erkennen glaubte – brachte die Großsteingräber aber aufgrund des Namens »Hünengräber« mit den Hunnen in Verbindung (die Hünen hatte er ja ausgeschlossen). Aufgrund der außergewöhnlichen Grabgröße musste es sich nach Nünning um Bestattungen von hunnischen Königen oder Herzögen gehandelt haben. Dieses Reitervolk war zwar im 5. Jahrhundert n. Chr. (!) aus der ungarischen Tiefebene bis an den Rhein vorgedrungen, hatte sich aber im Münsterland niemals niedergelassen. Die Vorstellung einer der römischen Zeit vorangehenden Steinzeit (und Bronze- und Eisenzeit) entwickelte sich erst viel später und wurde mit dem Dreiperiodensystem 1836 von Christian Jürgensen Thomsen erstmals veröffentlicht.

Bau eines »Hünengrabes« nach J. Picardt (17. Jh.)

Dieses Keramikgefäß konnte vollständig aus dem Großsteingrab Düwelsteene geborgen werden. In der sogenannten Kragenflasche war einer verstorbenen Person vermutlich eine Flüssigkeit für die Reise ins Jenseits oder das Leben nach dem Tod mitgegeben worden.

Literatur- und Kartentipps

- Kerstin Schierhold, Bernhard Stapel, Die Düwelsteene bei Heiden, Kreis Borken. Megalithgräber in Westfalen 3, hg. von der Altertumskommission für Westfalen. Münster 2018.
- Bernhard Stapel, Großsteingrab Düwelsteene, Heiden, Kr. Borken. In: Heinz-Günter Horn (Hrsg.), Theiss Archäologieführer Westfalen-Lippe. Stuttgart 2008, 96–98.
- Jodokus Herman Nünning, Westfälisch-Münsterländische Heidengräber, aus dem Lateinischen übersetzt von E. Hüsing. Coesfeld 1855.

67
75,6
Im Frankenhuse
Schulte
K55
Gemeinheitsheide
Lübbering
Strotmann
Evers
Paus
Neuen Grund
Pels
70
Wichersbach
L829
Wesseling
74,2
Dorfbauerschaft
60,6
K57
Sport
K55
Branden
K55
K57
hauser Esch
ing-
aus
Heiden
L600
K11
L829
80
Sport
Bad
L600
Surk

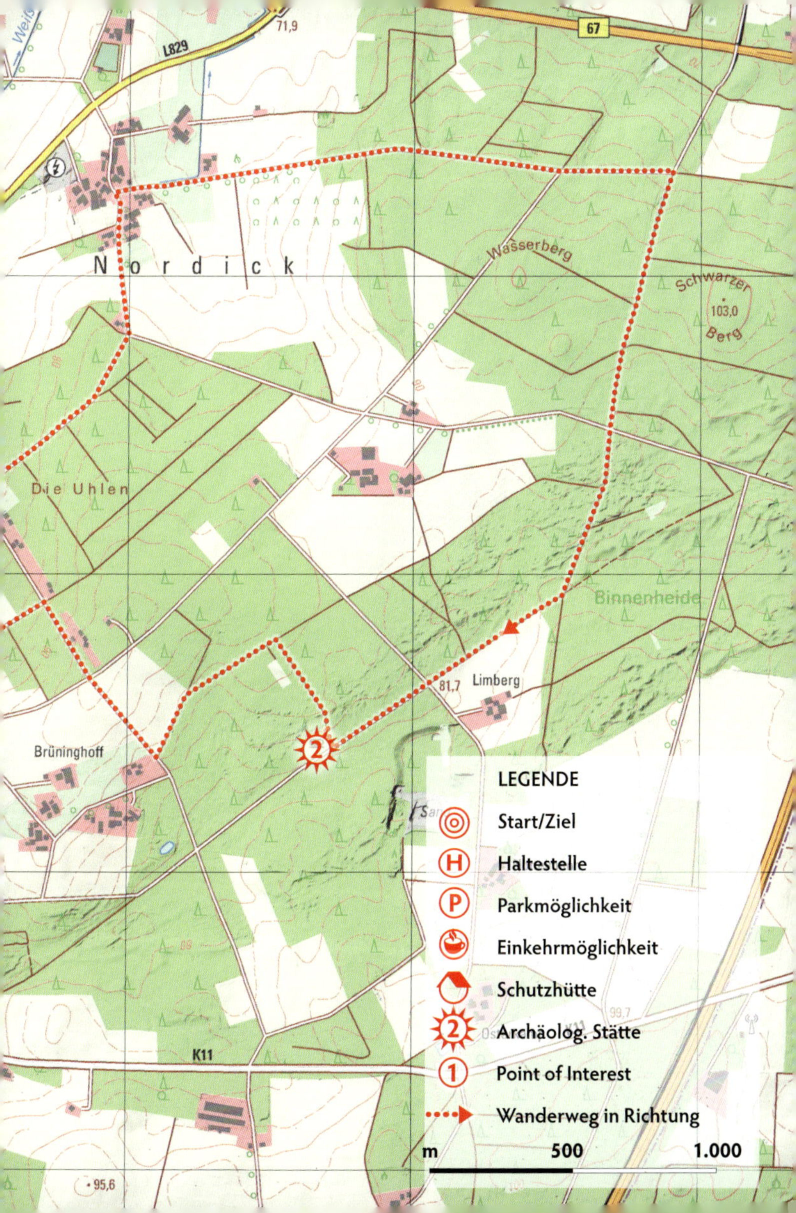
71,9
L829
67
Nordick
Wasserberg
Schwarzer Berg
103,0
Die Uhlen
Binnenheide
Limberg
81,7
Brüninghoff
K11
99,7
95,6
LEGENDE
Start/Ziel
Haltestelle
Parkmöglichkeit
Einkehrmöglichkeit
Schutzhütte
Archäolog. Stätte
Point of Interest
Wanderweg in Richtung
m
500
1.000

Wanderung 11

Von steinernen Kisten und Türmen

Das Großsteingrab von Beckum-Dalmer, Kr. Warendorf

Dieser Ausflug führt in die weniger bekannten Beckumer Berge, die bereits in der Ur- und Frühgeschichte besiedelt wurden. Ein Großsteingrab aus der Jungsteinzeit und die mittelalterliche Befestigung der Beckumer Stadtfeldmark (Landwehr mit Wartturm) sind Ziele dieser Tour.

Informationen

Start/Ziel: Beckum Busbahnhof, Bahnhofsplatz 2

Weglänge: 15,1 km

Reine Gehzeit: 3:50 h

Steigung: ↗/↘ 98 m

Schwierigkeit: leichte Wanderung mit kleineren Steigungen, bedingt kinderwagengeeignet (an der Soestwarte nicht der Beschreibung, sondern den Hauptwanderwegen [X 1], [X 23] folgen)

Einkehrmöglichkeiten: verschiedene in Beckum, Hotel Höxberg (www.hotel-hoexberg.com), Restaurant Zur Windmühle (www.zur-windmuehle.de), Landgasthaus Pöpsel (www.hotel-poepsel.de)

ÖPNV: Busbahnhof Beckum, »Bahnhofsplatz« 2 (z. B. mit der S 30 von Münster/Westf. Hbf.; mit der R 61 von Neubeckum Bf.)

Parkplätze: in Beckum z. B. entlang der »Neubeckumer Straße«, »Neustraße«, »Poststraße« (die öffentlichen Parkplätze haben eine Höchstparkdauer von 4 h)

Markierte Wanderwege: [X 1], [X 23]

Wegbeschreibung

Die Tour startet am Busbahnhof und führt zunächst die Nordstraße hinunter bis zum Marktplatz, an der Propsteikirche vorbei, über die nächste Straße und dann rechts in den **Südwall** an der Werse entlang. An der Brücke nach links und dahinter direkt wieder links über eine Brücke abbiegen. Von hier geht es über den Wanderweg [X 1] aus der Stadt bis auf den Kamm der Beckumer Berge und noch ein Stück an der **Landwehr** ① entlang nach links durch den Wald.

An der Asphaltstraße (**Dalmerweg**) biegt die Tour vom [X 1] nach rechts und unten an der Gabelung erneut nach rechts auf den [X 23] ab. Dieser führt am Abzweig zum **Großsteingrab** ② vorbei, dem nach rechts gefolgt wird.

Nach der Besichtigung geht es wieder zurück auf den [X 23] und dort nach links. Der [X 23] übernimmt nun die Führung an **Bergbauspuren** ③ und einer Windmühle vorbei bis zur **Soestwarte** ④.

Am Biergarten führt ein Weg rechts hangabwärts an einigen **Hohlwegen und einer Wegsperre** ⑤ vorbei. Nach etwa 500 m wird an den zum Trimmdichpfad gehörenden Reckstangen dem Weg nach links über Treppen zum Kamm gefolgt, wo nach rechts der [X 1] und [X 23] verlaufen. An der Straße verlässt die Tour den nach rechts abknickenden [X 1] und folgt weiter geradeaus dem [X 23].

Hinter den Feldern trifft der gekieste Weg auf eine T-Kreuzung. Hier folgen Wandernde noch dem [X 23] nach rechts, an der nächsten Möglichkeit verlassen sie dann allerdings den [X 23] nach links und kommen am Lippbach entlang in die Stadt.

An einer Kreuzung geht es auf der rechten Seite des Baches bleibend über den Spielplatz hinweg weiter. An der Straße kurz rechts (**Am Lippbach**) und sofort wieder links über das Gelände der Kleingartenanlage. Am Vereinsheim folgen Wandernde dem ersten Abzweig nach rechts, am Stromhäuschen links und geradeaus in die **Klarastraße**. Nun führt die Tour rechts in die **Stiftsstraße**, links in die **Marienstraße**, rechts in die **Margaretenstraße**, links in den **Lippweg** und an der Kreuzung (**Lippborger Straße**) geradeaus.

Hinter einem Parkplatz dem kleinen Weg nach rechts an der Werse entlang folgen. Dem Weg über die Brücke wird nach links gefolgt, am jüdischen Friedhof vorbei, nach rechts in den **Ostwall**, am Parkplatz **Hindenburgplatz** weiter geradeaus, dann nach rechts in die **Linnenstraße**, über die Straße und den Platz der Liebfrauenkirche hinweg. Auf Höhe des Turms geht es links in die Straße an der VHS vorbei und rechts in die **Nordstraße** zurück zum Busbahnhof.

Beckumer Stadtlandwehr ①

Dort wo der [X 1] auf den Kamm des Höhenzugs trifft, stößt er auf die (Stadt-) Landwehr von Beckum, die sich hier das nach Süden steil abfallende Gelände zunutze macht. Sie wurde zum Schutz der zur Stadt gehörenden, landwirtschaftlich genutzten Flächen angelegt (s. Wanderungen 1 und 2). Der sichtbare Abschnitt gehört zur jüngsten und am weitesten nach Süden ausgreifenden Phase der bis ins frühe 14. Jahrhundert zurückgehenden Landwehr. Seit dem Beginn des 15. Jahrhunderts hat sie auf 18 km Länge ganz Beckum umschlossen.

Gerade an dieser Stelle, wo der [X 1] die Landwehr kreuzt, ist ihr Aufbau gut nachzuvollziehen. Sie besteht aus einem ca. 2 m hohen und 3,5 m breiten Mittelwall, den auf beiden Seiten 2 m breite Gräben flankieren. Diesen wiederum ist zur Stadt sowie nach außen jeweils ein weiterer Wall vorgelagert. Wird berücksichtigt, dass alle drei Wälle einst mit dornigen Sträuchern und Hecken bepflanzt waren und die Konturen sich im Laufe der Jahrhunderte verwaschen und verflacht haben, ergibt sich das Bild eines äußerst effizienten Annäherungshindernisses.

Nach ca. 500 m folgt die Wandertour dem Asphaltweg nach rechts. An dieser Stelle befand sich bereits im Mittelalter ein Durchlass durch die Landwehr, der – um den Verkehr zu kontrollieren und Eindringlinge aufzuhalten – von einem Schlagbaum versperrt war, dem Dalmer Schlag. Diese meist hölzernen Schranken wurden vom sogenannten Bäumer bewacht und über Nacht abgeschlossen.

Großsteingrab Beckum-Dalmer ②

Wer bereits auf der Wanderung 10 an den Düwelsteenen unterwegs war, ist beim ersten Anblick des Großsteingrabs von Beckum-Dalmer vielleicht verwundert: Die Decksteine reichen hier gerade bis zum Knie. Es handelt sich zwar ebenfalls um ein Megalithgrab aus der Jungsteinzeit, gehört aber einem anderen Bautyp an. In Heiden haben Wandernde ein Ganggrab der Trichterbecherkultur (3500–2850 v. Chr.) kennengelernt. In Beckum handelt es sich um ein Galeriegrab,

wie sie innerhalb der zeitgleichen Wartbergkultur üblich waren. Beckum befindet sich genau im Grenzbereich beider Kulturen.

Eines der typischsten Merkmale eines Galeriegrabs sorgt dafür, dass der Anblick des Monuments weniger imposant erscheinen mag als die Ganggräber: Der ursprünglich ca. 27 m lange und 3 m breite Bau war in den Boden eingelassen und die Kammersohle lag unter der Oberfläche. Die innere Höhe erreichte wie in Heiden 1,5 m. Die früher auch als Steinkisten bezeichneten Galeriegräber sind meist aus Sand- oder Kalksteinplatten errichtet. Da dieses Baumaterial in Beckum nicht verfügbar war, nutzten die Erbauer*innen wie bei den Gräbern der Trichterbechergemeinschaften Findlinge. Sie richteten die flache Seite nach innen und füllten die Lücken mit Trockenmauerwerk aus kleinen Bruchsteinen, sodass die Grabkammer innen glatte Wände aufwies.

Der Zugang erfolgte in Anlehnung an die Megalithbauten der Trichterbecherkultur durch einen kurzen, heute nicht mehr erkennbaren Gang von der Mitte der nordöstlichen Langseite aus. Bei vielen anderen Galeriegräbern lag er an einer der Schmalseiten. Das Grab war von einer Erdaufschüttung bedeckt, die einen Hügel bildete. Damit konnte der Zutritt bei den über Jahrhunderte hinweg immer wieder vorgenommenen Bestattungen nur über den Gang erfolgen.

Im Münsterland sind rund 25 Megalithgräber bekannt. Nicht alle davon sind heute noch erhalten. Viele waren dem Ackerbau im Weg und wurden beseitigt. An den Beckumer Findlingen sind Löcher für Sprengpulver zu sehen, denn die tonnenschweren Steine waren im 19. Jahrhundert eigentlich als Baumaterial für Straßen vorgesehen. Sie konnten gerade noch davor bewahrt werden. Dieses Schicksal ereilte allerdings ein zweites Grab, das sich bis 1835 in ca. 450 m Entfernung befand. Aus ihm stammen Funde wie ein verziertes Keramikgefäß mit trichterförmigem Hals und Ösen zum Aufhängen (typisch für die Trichterbecherkultur), ein Steinbeil, zwei Feuersteinklingen, ein Kupferblechstreifen, eine Bernsteinperle und gelochte Tierzähne, die als Schmuck getragen wurden.

Strontianitbergbau ③

Dem [X 23] bergauf folgend befinden sich am rechten Wegrand, gegenüber einer Hofanlage, Bergbauspuren. Auf dem Areal, das heute mehr an einen Lager- und Schrottplatz erinnert, sind noch zwei Halden zu erkennen. Hier wurde im 19. und 20. Jahrhundert Strontianit (Strontiumcarbonat) abgebaut. Es handelt sich um ein weißliches Mineral, das in der Süßmittelindustrie verwendet wurde. In dem 1871 für die Zuckerherstellung aus Zuckerrüben entwickelten »Strontianitverfahren« wurde es zur Restentzuckerung der Melasse verwendet. Dieses Abfallprodukt enthielt noch bis zu 50% Restzucker, der mithilfe des Strontianits isoliert werden konnte. Um 1900 wurde das Verfahren ersetzt und der Abbau verlor an Bedeutung. Das südliche und südöstliche Münsterland war in Deutschland das Hauptabbaugebiet. Ende des 19. Jahrhunderts gab es hier rund 650 kleinere Bergwerksbetriebe, deren Halden oft noch erhalten sind. Der letzte stellte 1945 die Förderung ein.

Soestwarte ④

Am Höxberg treffen Wandernde auf die Soestwarte. Der steinerne Turm steht auf dem höchsten Punkt des Berges und bietet mit seinen 23 m Höhe eine herrliche Aussicht. Aus diesem Grund wurde hier bereits im Mittelalter ein Wachturm errichtet. Der ursprüngliche Bau, dessen Mauerwerk sich vom jüngeren Teil aus dem 19. Jahrhundert abhebt, war nur ca. 11 m hoch. Dies muss bei fehlendem Baumbestand ausgereicht haben, damit der Wartmann (= Türmer) heranrückende Feinde früh sehen und der Stadt per optischem oder akustischem Signal melden konnte. Der heutige Zugang ist nachträglich für Besucher*innen angelegt worden. Die damaligen Türmer gelangten über eine Leiter durch einen mehrere Meter oberhalb des Bodens befindlichen Zugang ins Innere. Solche Warttür-

me wurden oft an bedeutenden Wegverbindungen angelegt, um den Durchlass zu schützen und zu bewachen. Hier handelte es sich um den Handelsweg von Beckum nach Soest, der früher direkt neben dem Turm vorbeiführte und mit einem Schlagbaum verschlossen werden konnte.

Hohlwege und Wegsperre ⑤

Da die Wegverbindung im Bereich der Soestwarte in der Neuzeit begradigt wurde und nicht mehr direkt am Turm vorbeiführt, haben sich von der alten Wegtrasse Spuren im Gelände erhalten. Die Wandertour folgt nun nicht mehr der auf dem Kamm verlaufenden Landwehr, sondern führt südlich am Hang entlang. In der Kurve hinter dem Biergarten sind rechts und links noch Spuren von alten Trassen (s. Wanderung 5) sichtbar. Etwa 100 m nach einem Abzweig treffen Wandernde auf einen flach erhaltenen und von Gräben flankierten Wall, der vom modernen Weg unterbrochen wird. Er kann nach Norden bis an den Kamm verfolgt werden und nach Süden setzte er sich ursprünglich ca. 100 m weiter fort. Hierbei handelt es sich um eine alte Wegsperre, die verhindern sollte, dass sich Menschen unkontrolliert aus Richtung Osten nähern konnten. Eine Sichtfeldanalyse am Computer ergab, dass dieser Hang vom Wartturm aus nicht einsehbar war, von hier war also ein unbemerktes Herannahen möglich. Die Wegsperre war sehr effektiv, denn nach Süden ging sie in eine Senke über, die zu einem Bach führte, sodass sie jeglichen Verkehr von Osten abschirmte und weithin sichtbar auf die Soestwarte zu lenkte.

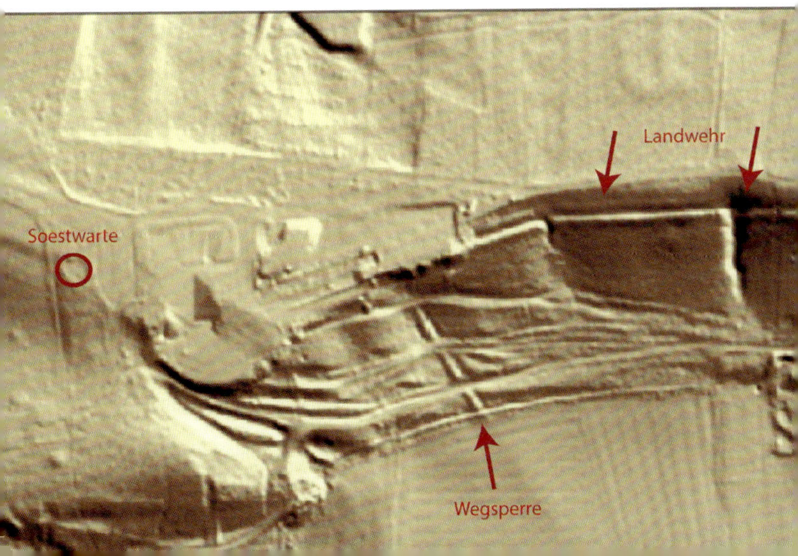

Exkurs:
Das Leben eines Wartmanns

Der Wartmann (auch Türmer, Tornemann) war offiziell beauftragt, einen bestimmten Landwehrdurchlass zu bewachen, zu dem ein Wartturm gehörte. Es handelte sich meist um einen städtischen Bediensteten, der zusätzlich zu einem niedrigen Lohn umliegendes Land verpachtet bekam, damit er Ackerbau betreiben und etwas Vieh halten konnte. So gehörten zum Turm oft das Wohnhaus des Wärters und seiner Familie sowie manchmal kleinere Wirtschaftsgebäude. Der Kotten des Türmers der Soestwarte stand direkt neben dem Turm und ist 1955 für den Hotelbau abgebrochen worden. Obwohl die Aufgabe als Teil des Frühwarnsystems vor Gefahren für die Stadt sehr wichtig und daher überaus verantwortungsvoll war, war sie nicht sehr angesehen. In den Lohnlisten rangierte der Türmer sehr weit unten, kurz vor dem Scharfrichter (Henker). Hauptaufgaben des Wartmanns waren das Wachehalten (Tag und Nacht) und die Warnung der Stadt bei drohender Gefahr.

Zudem kontrollierte er den Landwehrdurchlass, entschied wer eingelassen und wer abgewiesen wurde und verschloss abends den Schlagbaum. Besonders in Kriegszeiten führte der Türmer ein gefährliches Leben. Er war oft das erste Ziel der Feinde, um die frühzeitige Warnung der Bürgerschaft zu verhindern. Auch Räuberbanden setzten ihnen zu, sodass einige Warten mit Schießscharten und Pechnasen zur Verteidigung ausgestattet waren.

Literatur- und Kartentipps

- Martin Börnchen, Strontianitabbau im Münsterland. Westfalen Regional, 2007; https://www.lwl.org/LWL/Kultur/Westfalen_Regional/Wirtschaft/Strontianitbergbau
- Cornelia Kneppe, Landwehr der Stadt Beckum, Kreis Warendorf. Landwehren in Westfalen 7, hg. von der Altertumskommission für Westfalen. Münster 2019.
- Bernhard Stapel, Galeriegrab, Beckum-Dalmer, Kr. Warendorf. In: Heinz-Günter Horn (Hrsg.), Theiss Archäologieführer Westfalen-Lippe. Stuttgart 2008, 33–35.
- Westfälischer Heimatbund/Geographische Kommission für Westfalen (Hrsg.), Wandern im Münsterland. Band 1: Wanderkarten für den Kreis Warendorf. Münster 2013.
- https://www.altertumskommission.lwl.org/de/forschung/megalithik/das-grosssteingrabbeckum-dalmer-ii/

Diese frühmittelalterliche Spatha (= zweischneidiges Schwert) wurde im sogenannten Fürstengrab von Beckum gefunden. Die Knaufkrone mit Verzierung im germanischen Tierstil und die beiden Ringe, die den Besitzer als Gefolgsmann des fränkischen Königs ausweisen, bestehen aus vergoldetem Silber. Dem um das Jahr 600 n. Chr. verstorbenen Mann waren noch weitere wertvolle Gegenstände sowie zwölf Pferde mit ins Grab gegeben worden.

BECKUM
Aktivpark Phoenix
Sport
Sport
Sport
Sport
Bad
58
K45
L507
K24
K24
K24
L808
L822
K25
142,2
150
100

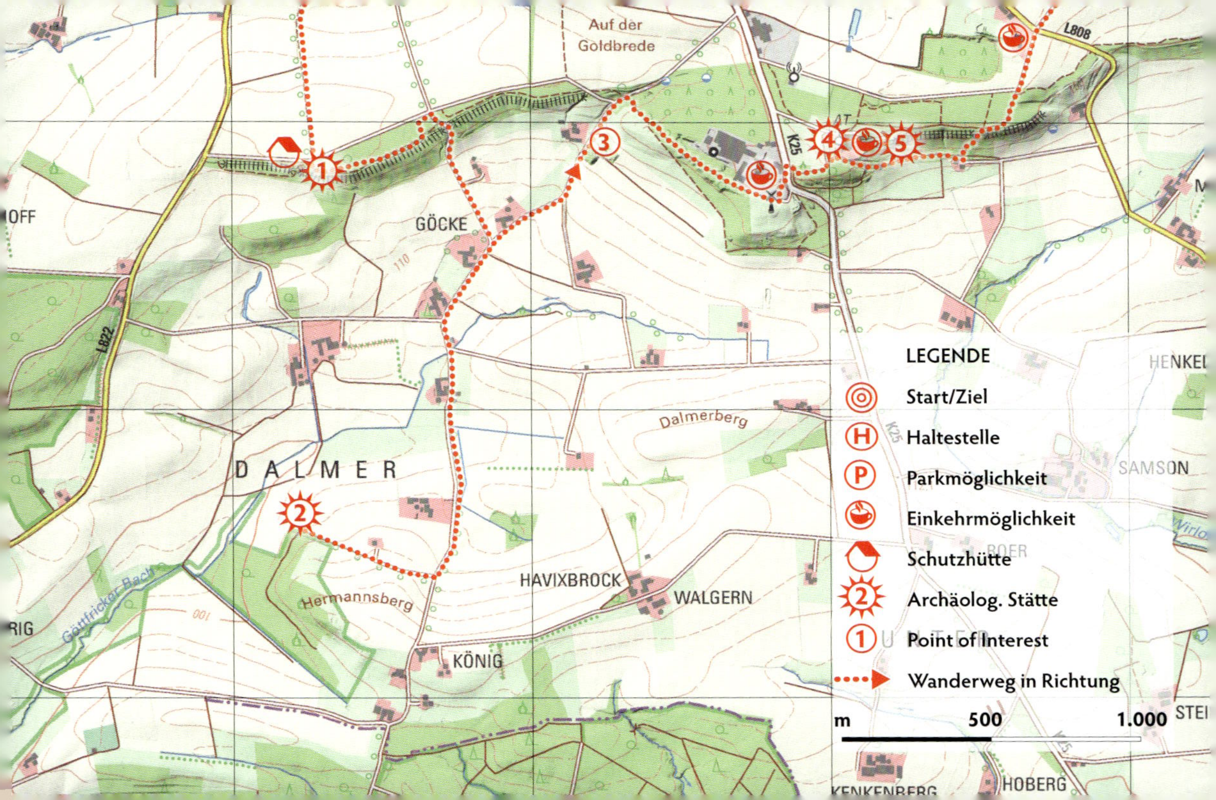

Auf der
Goldbrede
L808
K25
GÖCKE
OFF
110
L822
DALMER
Dalmerberg
HENKEL
SAMSON
HAVIXBROCK
WALGERN
Hermannsberg
Göttfricker Bach
100
RIG
KÖNIG
STEI
HOBERG
KENKENBERG
LEGENDE
Start/Ziel
Haltestelle
Parkmöglichkeit
Einkehrmöglichkeit
Schutzhütte
Archäolog. Stätte
Point of Interest
Wanderweg in Richtung
m
500
1.000

Südlich von Emsdetten an der Gaststätte Lintels Kotten markiert weiße Farbe den ehemaligen Wasserstand des Max-Clemens-Kanals.

Wanderung 12

Ein gescheitertes Bauprojekt

Der Max-Clemens-Kanal bei Emsdetten, Kr. Steinfurt

Diese Wandertour begleitet mit dem Max-Clemens-Kanal eines der größten Bodendenkmäler des Münsterlandes. Die im 18. Jahrhundert gebaute und gut 120 Jahre später bereits wieder aufgegebene Wasserstraße durchquert hier ein ehemaliges Moorgebiet, von dem Wandernde im Natur- und Vogelschutzgebiet Emsdettener Venn noch einen Teil zu sehen bekommen.

Informationen

Start/Ziel: Bahnhof Emsdetten

Weglänge: 20 km

Reine Gehzeit: 4:50 h

Steigung: ↗/↘ 14 m

Schwierigkeit: lange, aber leichte Wanderung ohne nennenswerte Steigungen; kinderwagengeeignet

Einkehrmöglichkeiten: verschiedene in Emsdetten, Landgasthaus Budde Heimann (www.budde-heimann.de)

ÖPNV: Bahnhof Emsdetten

Parkplätze: am Bahnhof, »Hengeloplatz« 7 oder https://www.emsdetten.de/stadtjubilaeum-kultur-veranstaltungen/tourismus/parken.html

Markierte Wanderwege: [X 13], [X 6], [X 24], [MAX]

Wegbeschreibung

Mit dem Bahnhof im Rücken gehen Wandernde ein Stück nach links und finden dort bei der Straßenüberquerung schon das weiße X des **[X 13]** vor, der nun über den Marktplatz (links halten) und über das Gelände von **Hof Deitmar** ① am Mühlenbach entlang wegführend bleibt.

Nach etwa 850 m wird auf den **[X 6]** rechts über die Brücke gewechselt, der die Tour bis in die Bauerschaft Ahlintel begleitet. Am Landgasthaus Budde-Heimann geht es rechts weiter über den **[X 24]** und den **[MAX]** am **Max-Clemens-Kanal** ②.

Der **[MAX]** führt mitten in das **Emsdettener Venn** ③, wo Wandernde ihn hinter dem großen landwirtschaftlichen Hof nach rechts verlassen (= Radweg). Der Weg macht eine Biegung nach links und trifft dann auf den **[X 11]**, dem er nach rechts folgt. Nach dem mit Holzgeländer ausgestatteten Weg am Moorrand entlang geht es nach links, noch kurz über den **[X 11]**, der dann aber rechts abbiegt, während diese Tour weiter geradeaus bis zu einer Schutzhütte verläuft.

Hier wird rechts abgebogen und an der nächsten Kreuzung links zwischen den Feldern und an einem kleinen Waldstück entlang. Hinter dem Wäldchen geht es nach rechts und dann die zweite Kreuzung links.

Wandernde überqueren die **Westumer Straße** und biegen links in **Hollhorst** ab. Ein Stück weiter geht es nach rechts in den **Grünring**, dem Wandernde bis zum **Vennweg** folgen und in diesen nach links einbiegen. An einer kleinen Kapelle kreuzen sich mehrere Straßen. Die **Westumer Landstraße** führt nach rechts auf die **Amtmann-Schipper-Straße** zu, die überquert wird.

Die **Bernhardstraße** führt Wandernde auf eine Schule zu, deren Gelände zwischen Schulgebäude und Spielplatz passiert wird. Oben an der großen Straße (**In der Lauge**) geht es nach rechts und dann über den Kreisverkehr hinweg schnurstracks wieder auf den Bahnhof zu.

Hofanlage Deitmar ①

Hinter dem Innenstadtring von Emsdetten liegt die Hofanlage Deitmar mit ihrem Parkgelände direkt am Mühlenbach. Hier befinden sich neben dem Hof auch drei Museen. Ein Kornspeicher aus dem Jahr 1689 zeigt eine kleine landwirtschaftliche Ausstellung. In einem ehemaligen Stallgebäude befasst sich das August-Holländer-Museum mit der Textilverarbeitung und das Wannenmachermuseum gibt Einblicke in das alte, fast vergessene Handwerk des Weidenkorbflechtens. Beide Handwerke haben eine lange Tradition in Emsdetten.

Max-Clemens-Kanal ②

In der Bauerschaft Ahlintel weist eine Informationstafel auf das Bodendenkmal »Max-Clemens-Kanal« hin. Hier kann die lineare Struktur im Gelände allerdings noch leicht mit einem Straßengraben verwechselt werden. An späteren Stellen dieser Wanderung lassen sich die einstigen Ausmaße dann sehr viel besser erkennen.

Mit 12 bis 18 m Breite und 1,5 bis 3,6 m Tiefe war der »Münstersche Canal« vor allem für den Verkehr mit sogenannten Treckschuten gebaut worden. Dies waren Kähne (3 m breit, 16,5 m lang) mit wenig Tiefgang und hoher Kapazität (bis 10 t), die vom Ufer aus von einem Pferd gezogen wurden (= treideln). Das Seil war dabei im oberen Bereich des Mastes festgebunden. Der Treidelpfad verlief auf der westlichen Seite des Kanals, vom Wanderweg aus gesehen also auf der gegenüberliegenden Seite. Auch Postschiffe verkehrten hier.

Ihren heutigen Namen hat die künstlich angelegte Wasserstraße erst nach ihrer Stilllegung 1840 bekommen. Er geht auf ihren Initiator, den Fürstbischof von

Treideln am Rhein-Marne-Kanal Anfang des 20. Jahrhunderts

Münster **Clemens**-August von Bayern (1719–61), sowie seinen Nachfolger, **Maxi**milian-Friedrich von Königsegg-Rothenfels (1761–84), zurück.

Das ehrgeizige Bauprojekt sah eine Verbindung zwischen der Bischofsstadt Münster und dem niederländischen Kanalsystem Richtung Nordsee vor. 1724 begannen die Arbeiten am ersten Bauabschnitt, der ca. 30 km lang und mit einer steinernen Schleuse ausgestattet war. Bis zu 1500 Arbeitskräfte waren zeitweise im Einsatz. Der Hafen in Münster lag vor dem Neubrückentor. An seinem vorläufigen Ende, ca. 2,5 km von dem Punkt entfernt, an dem die Wandertour die L 583 überquert, entstand der Clemenshafen. Zwischen 1766 und 1771 wurde der Bau weitere 6 km bis zum Maxhafen bei Wettringen fortgesetzt. Nicht weit entfernt befand sich die Grenze des Fürstbistums Münster. Von hier aus hätten andere Landesherren die Pläne weiterführen müssen, diese konnten sich für das Projekt allerdings nicht begeistern.

Hinzu kam, dass bereits kurz nach der Inbetriebnahme des ersten Abschnitts im Jahr 1731 erste Probleme auftraten. Durch das aus verdichteter Erde bestehende Kanalbett versickerte Wasser, sodass permanenter Wassermangel herrschte. Zudem traten wiederholt Dammbrüche auf. Auch durch den Bau einer zweiten, hölzernen Schleuse 1741, die den Druck auf die Deiche vermindern und den Wasserstand im Kanal erhöhen sollte, waren die Schwierigkeiten nicht in den Griff zu bekommen. Der Bau wurde nicht weitergeführt, das bestehende Teilstück aber immerhin noch bis 1840 für Postschiffe und Warenverkehr genutzt.

Im Bereich der Wandertour in Emsdetten existierten zwei Brücken, die den Kanal überquerten. Die Spaing- oder Spaninck-Brücke befand sich dort, wo Wandernde den Sternbusch verlassen und

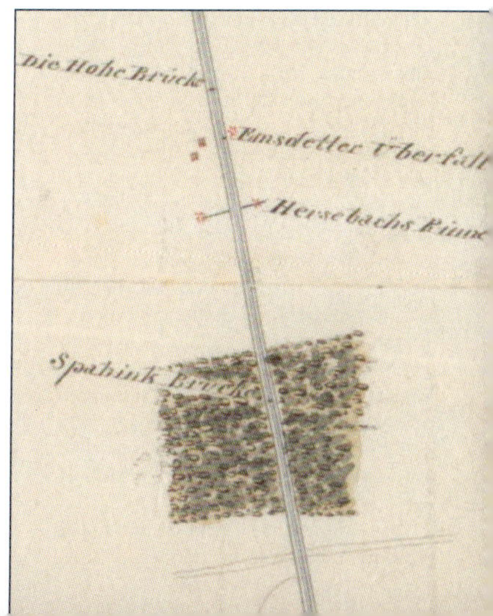

rechts in die Straße **Hollingen** einbiegen. Hinter der Dorfkirche von Ahlintel an der L 590 befand sich die Hohe Brücke. Hier gab es einen Ein- und Ausladeplatz. Bei Brücken mussten die Masten der Treckschuten umgelegt und die Kähne abschnittsweise mit Staken bewegt werden. Zwischen den beiden Übergängen wurde der Herzbach unter dem Kanal durchgeleitet (= Düker) und etwas weiter nördlich befand sich laut Plan von 1818 ein sogenannter »Überfall«. Hierbei handelt es sich um eine befestigte Überlaufkante, die niedriger liegt als die Seitenwände des Kanals, sodass bei hohem Wasserstand Wasser ablaufen kann und der Druck auf die Seiten gemindert wird.

Emsdettener Venn ③

Fernglas und Vogelbestimmungsbuch einpacken, besonders empfehlenswert im Frühjahr!

Der Begriff »Venn« verrät bereits, dass Wandernde sich nun in ein Moorgebiet begeben. Das heute etwa 340 ha Fläche umfassende Emsdettener Venn ist ein klassisches Hochmoor. Vor etwa 5000 Jahren begann der Moorbildungsprozess, als sich ausbreitende Torfmoose einem bestehenden Eichenwald die Luft entzogen. Aus den absterbenden organischen Resten bildete sich eine bis zu 2 m dicke Torfschicht. Dem typischen Schicksal von Mooren – erst Entwässerung für den Torfabbau zur Gewinnung von Brennmaterial, dann Umwandlung in Ackerflächen durch großflächigen Einsatz von Kunstdünger – wirkte die frühe Unterschutzstellung im Jahr 1941 entgegen. Die Erhaltung des Venns als Moorlandschaft ist dennoch bis heute eine arbeitsintensive Aufgabe.

Das Emsdettener Venn ist mit seinen Feuchtwiesen-, Moor- und Heidebereichen für seine seltene Pflanzen- und Tierwelt weithin bekannt. Ab Mai blüht das für moorige Flächen typische Wollgras und bildet einen weißen Teppich. Wer aufmerksam hinhört und -sieht, kann neben zahlreichen Gänsearten auch den Großen Brachvogel, Uferschnepfen, Baumpieper, Feldlerchen, Goldammern, Schafstelzen oder sogar Kiebitz und Pirol und viele mehr entdecken.

Außerhalb des Winters weiden auf einigen vom NABU Kreis Steinfurt betriebenen Grünlandwiesen Schottische Hochlandrinder.

Ein Blick in die wegbegleitenden Gräben lässt allerdings oftmals einen von Überdüngung herrührenden grünen Schleim erkennen und spiegelt damit das Spannungsfeld zwischen Naturschutzgebiet und angrenzender Landwirtschaft wider.

Großer Brachvogel

Exkurs: Der Mann aus dem Moor

Die Emsdettener Bauerschaft Ahlintel umfasste einst weite Moorgebiete, die seit dem 18. Jahrhundert großflächig dem Torfabbau zum Opfer fielen. Ende des 18. Jahrhunderts kam in Ahlintel ein grausiger und zugleich faszinierender Fund zutage; Arbeiter bargen die Leiche eines durch den Sauerstoffabschluss im Moor gut konservierten Mannes. Der Beschreibung aus dem Jahr 1794 zufolge hatte er lange Haare und einen langen Bart. Er trug Kleidung aus Wolle und an seinem linken Handgelenk befand sich eine mit Riemen befestigte Knochenplatte. Bei sich hatte er zudem einen Bogen und einen Köcher mit Pfeilen, deren Spitzen aus Knochen gefertigt waren. Der Beschreibung nach könnte es sich um einen Menschen aus der späten Jungsteinzeit (ca. 2600–2100 v. Chr.) gehandelt haben. Hierauf deuten die nicht-metallenen Pfeilspitzen sowie die erwähnte Knochenplatte hin. Solche Plättchen bewahrten den Unterarm eines Bogenschützen vor einer Verletzung durch die nach dem Schuss zurückschnellende Bogensehne. Leider gelangte die Moorleiche nie zur genaueren Untersuchung in ein Museum. Der mumifizierte Körper wurde – wie so viele andere in dieser Zeit – zu dem als Allheilmittel angesehenen »Mumia« zermahlen und in Apotheken verkauft; aus heutiger Sicht eine kuriose Art des Kannibalismus, aus Sicht der Archäologie zudem ein unermesslicher Verlust.

Literatur- und Kartentipps

Thomas Brock, Moorleichen. Zeugen vergangener Jahrtausende. Archäologie in Deutschland, Sonderheft. Stuttgart 2009.

Alexandra Pesch, Max-Clemens-Kanal, Münster. In: Heinz-Günter Horn (Hrsg.), Theiss Archäologieführer Westfalen-Lippe. Stuttgart 2008, 139–140.

www.emsdettener-venn.de

www.max-clemens-kanal.de

Diese ca. 6 cm hohe römische Bronzestatuette stammt von einem Acker bei Emsdetten und stellt das Götteroberhaupt Jupiter dar. Bei den Römern waren solche Figuren Teil des privaten Hausaltars. Ob die Germanen des 1.–3. Jh. n. Chr. sie anders nutzten oder eigene Götter in ihnen sahen, bleibt unbekannt.

kirchener
ark
L583
Ribbers
Grafen-
steiner
See
GUT GRAFENSTEIN
Ehemaliger Max-Clemens-Kanal
MIDDELHO
L583
GÜNNIGMANN
Herzbach
Füchten
rster Fel
KARLHEIM
L590
HERSPING
Flugplatz
Borghorst-Füchten
AHLINTEL
PULS
L590
LEGENDE
Start/Ziel
Haltestelle
Parkmöglichkeit
Einkehrmöglichkeit
Schutzhütte
Archäolog. Stätte
Point of Interest
Wanderweg in Richtung
m
500
1.000

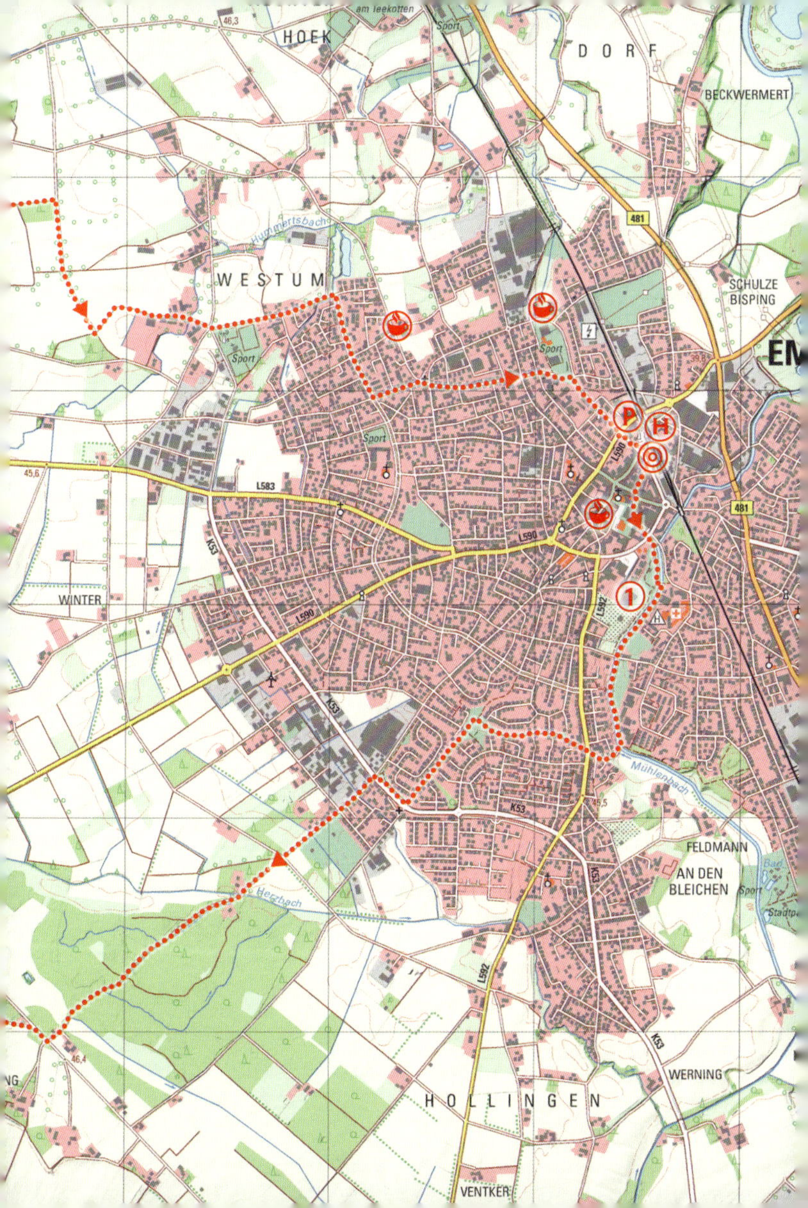

HOEK
DORF
BECKWERMERT
WESTUM
Hummertsbach
SCHULZE
BISPING
EM
Sport
481
L583
L590
K53
L592
WINTER
Mühlenbach
FELDMANN
AN DEN
BLEICHEN
Herzbach
WERNING
HOLLINGEN
VENTKER

GPX-Tracks zu den Wanderungen kostenlos auf der Internetseite der Altertumskommission für Westfalen: https://www.altertumskommission.lwl.org/de/archaologisches-wandern/im-munsterland/

Borne
Hengelo
Enschede
Losser
Gronau (Westf.)
Bad Bentheim
Schüttorf
Salzbergen
Ochtrup
Wettringen
Steinfurt
Haaksbergen
Metelen
Ahaus
Heek
Schöppingen
Horstmar
4
Laer
Vreden
8
Stadtlohn
Legden
Rosendahl
Billerbeck
Gescher
Coesfeld
Südlohn
Nottuln
Velen
Borken
Rhede
10
Heiden
Reken
Dülmen
Raesfeld
Haltern am See
7
Dorsten
Marl
Oer-Erkenschwick
Datteln
Olfen
Borkenberge
M ü n s
B r e c h t e
km
10
20

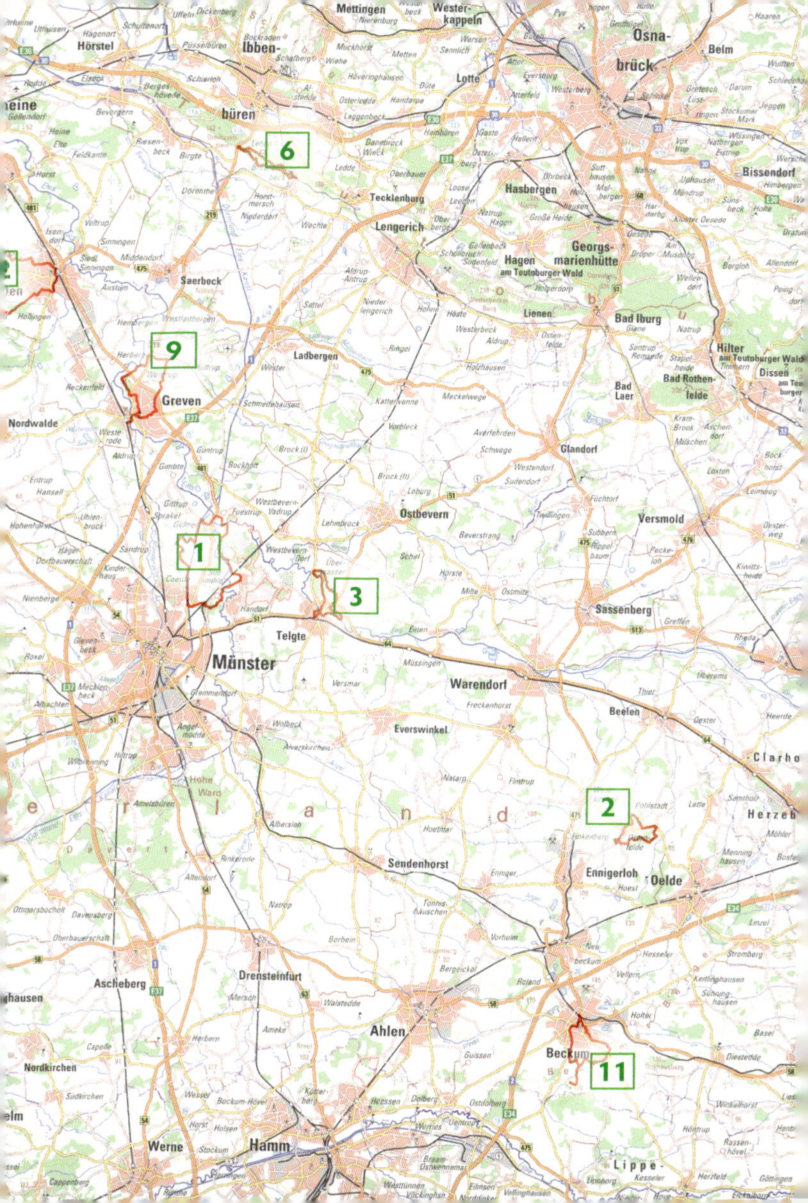

Mettingen
Wester-
kappeln
Osna-
brück
Belm
Hörstel
Ibben-
büren
Lotte
6
Tecklenburg
Hasbergen
Lengerich
Georgs-
marienhütte
Hagen
am Teutoburger Wald
Saerbeck
Bad Iburg
Lienen
Bissendorf
Hilter
am Teutoburger Wald
Dissen
Bad Rothen-
felde
Bad
Laer
9
Ladbergen
Greven
Nordwalde
Glandorf
Ostbevern
Versmold
1
3
Sassenberg
Telgte
Münster
Warendorf
Everswinkel
Beelen
2
Sendenhorst
Ennigerloh
Oelde
Ascheberg
Drensteinfurt
Ahlen
Beckum
11
Nordkirchen
Werne
Hamm
Lippe

Abbildungsverzeichnis

Wanderkarten: Ulrich Haarlammert; Kartengrundlage: Land NRW [2021] – Lizenz dl-de/zero-2-0

Fotos: soweit nicht anders genannt von Ulrike Steinkrüger

Altertumskommission für Westfalen/ Stefan Hofer: **56 oben**

Altertumskommission für Westfalen/ Leo Klinke: **124/125, 126/127**

Altertumskommission für Westfalen/ Deborah Priß (Bearbeitung); Kartengrundlage: Land NRW [2020] – Lizenz dl-de/zero-2-0: **139**

Altertumskommission für Westfalen/ Kerstin Schierhold: **132/133**

Archiv des Heimatvereins Heiden/ 1920iger-Jahre Daomaols in Häiden, 1991_28_1_Heimatverein Heiden: **126 unten**

Birgit Beckers: **150 unten**

Deutsche Apotheken Museum-Stiftung, Heidelberg: **152**

C. Gewers/V. Tschuschke: **101 oben**

Jakob-Friesen, K. H., Johan Picardt, der erste Urgeschichtsforscher Niedersachsens. Nachrichten aus Niedersachsens Urgeschichte 23, 1954, 13–19, Taf. II: **128 unten**

Landesarchiv NRW – Abteilung Westfalen – W 051/Karten A Nr. 5073: **149 rechts**

LWL-Archäologie für Westfalen: **113 oben**

LWL-Archäologie für Westfalen/ Petra Altevers: **33**

LWL-Archäologie für Westfalen/ Stefan Brentführer: **21, 45, 52/53, 57, 69, 81, 89 oben, 91 oben/unten, 93, 105, 117, 141, 153**

LWL-Archäologie für Westfalen/ Julia Frantz: **43**

LWL-Archäologie für Westfalen/ Gisela Helmich: **140**

LWL-Archäologie für Westfalen/ Ingo Pfeffer; Kartengrundlage: Land NRW [2021] – Lizenz dl-de/zero-2-0: **28, 30 oben, 54 unten, 56 unten**

LWL-Archäologie für Westfalen/ Ingo Pfeffer; Bearbeitung: Ulrike Steinkrüger; Kartengrundlage: Land NRW [2021] – Lizenz dl-de/zero-2-0: **40**

LWL-Archäologie für Westfalen/ Christoph Worringer: **18**

©LWL-Medienzentrum für Westfalen/ Richard Schirrmann [Nachlass]: **148/149**

LWL-Museum für Naturkunde/ Bernd Tenbergen: **16 oben**

Maßwerke GbR/Ulrich Haarlammert: **103 unten**

Nünning, J. H., Westfälisch-Münsterländische Heidengräber. Nachdruck mit Übersetzung aus dem Lateinischen von E. Hüsing. Coesfeld 1855, Taf. VII. www.deutsche-digitale-bibliothek.de/: **128 oben**

Ruhr Museum/Rainer Rothenberg; Aufbewahrungsort: Ruhr Museum Essen: **129**

Ulrike Steinkrüger (nach H. Hinz, Motte und Donjon. Zur Frühgeschichte der mittelalterlichen Adelsburg. Köln 1981): **20**

Ulrike Steinkrüger (Bearbeitung); Kartengrundlage: Land NRW [2021] – Lizenz dl-de/zero-2-0: **42**

Tecklenburger Land Tourismus e. V./ Alexander Schwarz: **80**